少年孙中山

徐茹 著

浙江教育出版社·杭州

天下為公

孫文

序 言

孙穗芳

1996年，我的作品《我的祖父孙中山》出版了。我要感谢南怀瑾先生，是他告诉我，继承祖父孙中山先生的教导是我义不容辞的责任。

说起这本《少年孙中山》的缘起，我又要感谢南怀瑾先生。2018年8月，我向杭州孙中山钱币纪念馆捐赠祖父孙中山的铜像。在这次活动中，我认识了徐茹女士，她告诉我，在初中语文课本上有一篇《为中华之崛起而读书》的文章，这篇文章让孩子们从此记住了周恩来总理从小就树立为中国崛起而努力读书的志向。为了让孩子们知道并了解南怀瑾先生，徐女士写了《少年南怀瑾》一书，希望孩子们能记住这位一生都为接续中国文化而呕心沥血的伟大老人。等他们长大后看到南先生的书，就有亲近感，就会愿意去读、去传播，这样中国的文化就不会断层。

徐女士的话给了我启发，我曾发大愿把自己贡献于世界和平。作为孙中山先生的孙女和他思想的践行者，我深知自己的使命，我有责任让中国的孩子了解祖父从小勤奋读书，立志改造中国的决心，让他们从小能把祖父当作榜样，以弘扬中华文化为己任，长大后济世利人。我深知自己年岁已大，眼疾日益加重，实在无力完成这本书。于是，我当场委托徐女士帮我完成这个心愿。冥冥之中，感觉这一切都是南先生的安排。

祖父的教导对我有深刻的影响，使我感到生命不再是负担，而是充满光明的希望与信心：生命是考验，是突破，是关爱慈悲，是智慧正义，也是包容。只有包容，才能宽广，才能吸收世间之爱，才能达到真、善、美、慧的人生。

在《三民主义》一书的开始，祖父就指出，他提出的主张将要救中国。作为他的孙女并从小受他思想的熏陶，我感到无比的荣幸，因为祖父的教导是全民族的资产，更是我无量的精神财富。

什么是主张？我认为它是一个思想，一个信念，一种力量。祖父教导我们说，如果我们真诚地相信真理，我们就会有勇气和内在力量，这种力量可以救中国以至达到世界和平。这也就是诚者灵：精诚所至，金石为开。我从小没有父母之爱，没有家庭温暖，中华民族失去文化的痛苦我感受到了，也像许多中国人一样经历了中华文化流失的痛苦。

祖父的教诲已在我身上产生了效验，无论我在世界各地的任何角落，我都不会忘记我是中国人，我有传播中华文化的使命。也希望这本《少年孙中山》能影响到中国的孩子，祖父留给中华民族的是自信，是当时的民族方向和国家发展方略，祖父的思想改变了中国的命运，也在一定程度上影响了中国与世界的未来。

我很高兴徐女士能够完成这本书，也很感谢她能用心地搜集这么多资料，让我重新了解祖父小时候的故事，也重新认识曾祖父的家教——笃学修身、家庭敦睦、善教有方。曾祖父尽管生活清贫，但家庭和睦，互敬互爱，极重孝道；曾祖母是一位富有中华美德的传统妇女，相夫教子、孝敬公婆、贤淑明理。他们都是我学习的榜样，我也将教育我的孩子继续传承和弘扬优秀的传统文化。再一次感谢徐茹女士完成我这一心愿。

目 录

第一章

伟人源起翠亨村

在风景秀丽的翠亨村，孙家几代人都在这片土地上辛勤劳作。1866年11月的一天，一个男婴呱呱坠地，整个孙家都非常高兴。父母给他起了乳名叫“帝象”，只盼他能平平安安。他们谁也没有想到，这个男婴便是后来被尊称为“中国民主革命的伟大先驱”的孙中山先生。

小帝象一天天长大，不知何时起，成了大家口中的“石头仔”……

孙家故里翠亨村

广东省香山县（现中山市）地处五桂山分支凤凰山山麓。五桂山盛产一种野生茶叶——异花神仙茶，“异花”指的是“王者之花”兰花，花开时节，香闻十里，当地人称它为“隔山香”。因此，“五桂山”也称“香山”，香山县因此得名。

在香山县的东南部有一个只有七十多户人家的小山村，村子不大，名字却很美，叫“翠亨”。据传清康熙年间，蔡姓人在此建村，因地处山坑旁，故名“蔡坑”。后人见该村山林苍翠，坑水潺潺，风景优美，且当地方言“蔡”“翠”谐音、“坑”“亨”谐音，就在清道光初年，将“蔡坑”改成“翠亨”，寓意万事亨通，此名沿用至今。翠亨村依山傍水，东临的珠江给予它勃勃生气，背靠的五桂山麓则带给它缕缕灵气。

翠亨村的村民勤劳朴实，一年四季都在这片土地上辛勤劳作。但这片土地并没有给人们带来美好的生活。村里的土地大多为沙质，种的粮食产量很低，再加上当地官府黑暗，盘剥、欺压百姓，村民一年到头大多只能辛苦挣扎着求生。

19世纪初，随着社会变革，西方许多国家不断进入中国沿海地区进行贸易，中西方交流日渐深入，翠亨村的许多人开始走出村子，踏上外出谋生的路。

当时，村里人外出谋生的必经之地就是澳门。澳门曾经是香山县南部的一个小渔村，本名“濠镜”或“濠镜澳”、因为当时人们称泊口为“澳”，所以那里就被叫作“澳门”。1553年，一伙葡萄牙殖民者谎称商船遇到风暴，以晾晒货物为由，在澳门住了下来。后来，他们擅自扩张居住范围，甚至修筑炮台，设置官署，企图长期霸占澳门。1557年，葡萄牙人向明朝广东地方政府求得了在澳门的居住权，当时澳门属广州府，由香山县直接管辖。葡萄牙人在澳门繁衍发展，使西方的文化习俗广泛渗透到澳门文化之中，形成澳门独特的地域文化特色。在历史上，澳门作为中西文化交流之地驰名于世，在明末清初的西学东渐运动中扮演了一个重要的角色，也在世界经济的运转中发挥了重大作用。几百年来，澳门不断发展，到了19世纪，已经发展成为楼房林立、马路纵横的城市，范围也不断延伸到周边临近村落，成为西方国家进入中国的一个通道。

翠亨村恰好位于香山县城石岐和澳门的中间，从翠亨村到县城或到澳门，都需要步行大约半天的时间。由于翠亨村特殊的地理位置，早年间，村里就有人经过澳门，然后漂洋过海，去国外打工谋生；有人在外面发了财，成为侨居海外的资本家。他们回村时带来外面世界的信息，又促使更多人走出村子，踏上异国他乡谋生的道路。

翠亨村的村民也经常去澳门谋生。他们肩挑背扛带着自家的农产品步行到澳门，在那里卖出后，再购进一些日用品回乡销售。当时，香山县在地域上远离清政府的统治中心，再加上没有先进通信技术和传播手段，当地人的生活和思想或多或少都受到了澳门的影响。

那时，翠亨村中有一片砖瓦房，大概有一百来栋，房子四周围着中式的矮围墙。围墙外面则是散居的贫苦农民的泥草房。村子里大部分稻田为地主所有，由佃户打理耕种。村里有户姓孙的人家，18世纪末移居至此。

1813年，孙家诞生了一个男婴，取名孙达成。孙达成出生的时候，孙家还有些田产家业，但他的父亲不善经营，又迷信风水之说，家业一日不如一日。在孙达成小的时候，家中田产已被迫变卖殆尽，生活十分困难。后来，孙家也成了佃农，耕种村边十多亩地，一年得十几石稻粮。1829年，陷入生存危机的孙家，不得不让十六岁的孙达成随同乡赴澳门做工。小孙达成来到澳门举目无亲，经人介绍在一家鞋店做了学徒。学徒的生活非常辛苦，每日早起晚睡。除了工作以外，还要尽心伺候师傅和师娘，稍有不慎，就招致打骂。尽管生活充满艰辛，但孙达成没有退缩，咬着牙坚持下来。他勤勤恳恳地工作，专注用心地学手艺。等到三年学徒期满，他已经熟练掌握了修鞋、制鞋的技巧。

当时在澳门，葡萄牙人是主人，中国人反而成了奴仆，为葡萄牙人卖力劳作。孙达成就在这样的环境里谋生。他在一家葡萄牙人开的鞋店里当鞋匠，每天埋头苦作，不得休息，但每月薪酬才区区四元钱。靠这每月的四元钱，孙达成不但要养活自己，还要节省下来寄给家乡的父母。

后来，孙达成发现做鞋匠实在不易谋生，便又去学裁缝。好在他肯吃苦，人也聪明，技术学得也不错，学成后找了一份裁缝的工作，可是薪酬依旧很低，只能勉强养活自己而已。孙达成在澳门待了十六年，他每日不停地做工，心里只有一个念头，就是多赚钱，能够让家人生活得更好一些，自己能够攒到钱娶一个如意的妻子。在这十六年里，他从一个懵懂少年成长为壮年汉子；也正是在这十六年里，世界每天都在发生重大变革。

1840年，鸦片战争打开了中国的大门，英国通过不平等条约占领了香港，澳门、香港成为西方文化涌入中国内地的前沿。西方国家的商人们远渡重洋，纷纷踏上中国土地，他们带来了先进的科技文明，与传统的中国文化产生了碰撞、交织、交融，在这里形成了特有的文化氛围。

孙达成默默地努力工作生活，感受到了身边发生的变化，但对他来说，这只不过是茶余饭后闲聊的话题而已。他根本想不到，许多年以后，他的小儿子孙中山将特别关注世界资产阶级革命，并领导国人进行长达数十年的斗争，建立民主共和国家。

年轻的孙达成在澳门板樟堂街工作，看到无数外出谋生的中国人挣扎度日。他也产生过强烈追求幸福生活的念头，他甚至幻想能够在澳门长期居住下去，拥有自己的产业，过上资本家的生活。但他知道，这里只是他人生中漂泊的驿站——作为家中的长子，他有着强烈的家庭责任感，他必须回到翠亨村，那里才是他的归宿。

1864年，三十二岁的孙达成告别繁华的澳门，带着学到的手艺和积攒的一些钱财回到家乡。他的父母为他订了门亲事，他必须回家娶亲。回到阔别已久的家乡，孙达成内心感觉非常踏实。城市的喧闹已经远去，他需要静下心，好好地过日子。

孙达成终于在三十三岁时成亲了。新过门的妻子杨氏是邻村人，只有十八岁，虽然年纪不大，但性格温和，为人处世庄重大方。于是，这对老夫少妻开始了他们崭新的生活。

孙达成有两个弟弟，一个叫孙学成，一个叫孙观成。妻子杨氏身为孙家大媳妇，不但需要打理整个家，孝敬公婆，还要照顾两个弟弟，帮助他们娶妻立业。年轻的杨氏每日很早起床，先到公婆处请安问候，接着准备全家人的饭食，然后打扫庭院、清洗衣服、做针线女工，一刻也不得闲。

尽管孙达成夫妇辛勤劳作，家里的情况依旧没有好转。随着孙学成、孙观成两兄弟先后成家，家里人口越来越多，家庭的收入已经无法支撑开销。孙家不得不分家：孙达成夫妇和父母生活在一起，他的两个弟弟各自带家室分家另过。

翠亨村那个时候只有六七十户人家，务农的只占三成。村里稍好一点的耕地都是几个富豪家的，孙家没有自耕地，孙达成只能用辛苦做工赚来的钱高价租种了两亩五分地，在贫穷落后的农村谋求生路。从此，他结束了手艺人的生活，与大多数中国普通农民一样，每天面朝黄土背朝天，过着春耕秋收、靠天度日的岁月。只要一有农闲，孙达成就给别人补鞋，收点微薄的工钱，晚上又为村中打更报时，每月赚取稻谷一石，以帮补家用。一家人生活的担子全部落在孙达成身上，压得他喘不过气来。不过，他性情耿直，从不贪半点不义之财，家中虽穷但家风甚好。孙达成很喜欢孩子，但他们夫妻婚后一直没有孩子。时常晚饭后，孙达成会在家附近的榕树下，为村里的孩子们讲故事，讲外面的见闻，孩子们都很爱听。有时，一些大人得空休息一下，也喜欢聚在这里，和他聊聊天。孙达成在村里的人缘和口碑都很好。

1854年，结婚已经八年的孙达成夫妇终于迎来他们第一个儿子，按照行辈族谱取名德彰，字寿屏。他就是孙中山的哥哥——孙眉。后来，孙眉后来在物质上和精神上给予孙中山极大的支持和鼓励，对他的革命事业起了非常重要的作用。

盼望多年的第一个孩子的到来，对孙达成夫妇而言，既有喜悦，也有忧愁。在穷人家，添个人口，就意味着要增加一份口粮。这几年来，虽然他们夫妇辛勤耕种，但收入并不丰厚，加上还要赡养父母，仅仅只够维持一家人的生活。新生命的到来，让这个家庭生活更加艰难。那时，孙达成已经四十一岁了，人到中年，喜得贵子，倒也让他生活更有了盼头和激情。

孙眉三岁的时候，孙达成夫妇生下了长女，遗憾的是，这个女儿幼年夭折，成为他们心里永远的痛。1857年，这时的中国依旧贫困落后，清政府腐败无能而懦弱；而西方国家却在迅速发展，并加快入侵中国、盘剥中国的步伐。生活在社会最底层的孙家，依然贫困艰难，依然在贫瘠的土地上苦苦挣扎，似乎总也看不到什么希望。迫于生活的压力，孙达成的两个弟弟跟随村里赴美国淘金的队伍离开了家乡，登上轮船，漂洋过海，出外谋生。

香山人从很早就有远赴海外谋生的先例。1840年鸦片战争之后，广东沿海一带出现移民潮。许多贫苦的农民，还有城市的贫民、手工业者和小商贩，背井离乡到海外谋求生路。他们在海外结成团体，互相帮助，形成自有特色的群体。当时，美国需要大批工人来挖掘金矿，吃苦肯做而工费低廉的华人成为他们的首选对象。于是，他们派人到中国来招工，孙达成的两个弟弟孙学成和孙观成也就这样被招工到美国。

那个时候，孙达成也近五十岁了，上有父母，下有稚子，两个弟弟又撇下妻儿远行，自己也就不忍心再出门谋生了。孙达成不但要照顾父母、妻儿，还要帮助照顾弟弟们的家事。他肩上的担子越发沉重了，但他并不计较自己付出多少，只求孙家老少都平平安安。

好在孙学成和孙观成去美国务工都还算顺利。不久，他们就给家里寄来了钱。两个弟媳妇用这些钱买下了田地，在家里安心耕种收获，暂时缓解了生活上的危机。他们两家妇孺弱小，土地耕种不过来，就将土地租给孙达成耕种，勤劳能干的孙达成将田地打理得井井有条，遇上风调雨顺的好年景，收获还很不错。

可是，好不容易得来的好境况没能持续多久。孙达成的父亲孙敬贤迷信风水之说，并为此花了许多钱，甚至还专门供养了一个风水先生。这一切再次加重了孙达成的负担，使得本就不富裕的家庭又变得困苦不堪。杨氏也经常因此事和丈夫争吵，她极力劝说丈夫赶走那风水先生，节省钱粮照顾老人和孩子。但孙达成在这件事上表现得非常固执，一方面他不愿意违抗父亲的意愿，另外一方面他也受到不少封建迷信思想的影响，愚昧地认为好风水会给子孙带来福报和好运。

就在孙达成勤苦劳作维持全家生计之时，他的几个孩子先后出生了。1860年，次子德佑出生，可惜五岁就夭折了，这对杨氏又是一次巨大的打击；1863年，次女妙茜出生；

1866年，他们的三子出生，这就是后来的孙中山；1871年，幼女秋绮出生。六个孩子，对于穷困的孙达成夫妇来说，无疑是巨大的负担。日子在孩子们的哇哇啼哭中过去，生活变得更加艰难了。

在这些年里，孙家人几次受到巨大打击。先是父亲孙敬贤去世。这位企图通过风水改变命运的老人，在儿孙们的悲哭声中合上了双眼，与世长辞。他去世后，孙达成接过父亲迷信多年的风水之说，继续为改变命运而不停地修建坟墓，加大了家庭的开支。接着，1864年，孙学成在上海附近遇难，同时死去的中国民工多达几十人。1867年，孙观成死于加利福尼亚的淘金矿区，与他一起遇难的中国民工也不少。两个弟弟英年早丧，沉重地打击了年过半百的孙达成，也沉重地打击了全家人。

由于家境困难，孙达成的长子孙眉仅读了四年书就被迫辍学，在离家十里之外的地方给人做长工。孙眉继承了父亲勤劳能干的性格，他做事勤奋，吃苦耐劳，善于经营，在同伴中很有威望，也很受老板的喜欢。他渐渐长大，慢慢分担家庭的责任，也成为弟弟孙中山成长中不可缺少的重要人物。

孙家喜得细幺仔

1866年，是大清帝国第十位皇帝同治在位的第五年。这位六岁即继承大清江山的“顽童”，此时也不过只有十一岁。他继位以来，大清国内有太平天国运动，急剧动摇着大清皇室的统治；外有列强入侵，国家形势日渐紧张。在这年的年初，清政府刚刚剿灭了太平天国康王汪海洋和偕王谭体元率领的在粤东的反清太平军余部。1864年，太平天国天京（南京）沦陷，标志着历经十几年的太平天国运动以失败告终，但太平军的余部依然活动广泛，十分活跃，尤其在东南沿海地区。看着太平军最终被清军击溃，许多人心里有着诸多感慨和激愤，他们对清政府的畏惧和痛恨之情交相掺杂，更多的人则越加谨慎地劳作，不敢有丝毫过激的言行与举动。

那些习惯被压迫、被统治的老百姓在大是大非面前总是选择沉默，他们以为这样就可以逃避不幸，避免被害，却不知等待他们的是更悲惨的命运。

11月12日，农历十月初六，清晨四时，翠亨村像往日一样安宁静谧。南国特有的温湿气息扑打在家家户户的门窗上，显得那么祥和滋润。五十三岁的孙达成走在小巷里，睡眼迷糊地打着更。他每天夜里三番五次地起床上路，为村里人报时报安。岁月不饶人，在这深秋湿寒里，孙达成似乎觉得有些冷，他弓背耸肩，把脑袋缩在衣领里。他的鞋不合脚，走几步就要掉，不得不重新穿一下。这双鞋是他二弟孙学成的。他想，等天亮了，一定要好好修修这双鞋。他边走边想，不知不觉回到自家门口。他望着晨曦中略显朦胧的家园，心里涌起一阵暖流，一扫身上的寒意。

孙达成刚要进门，忽然听到一阵响亮清脆的哭声从里屋传出。这哭声划破灰暗潮湿的清晨，像一道曙光照亮在他的眼前。是他的妻子又生了！不知道是男孩还是女孩，孙达成心里想。这是他们第五次生孩子，孙达成高兴地跑进家门，放下手里的东西，赶紧进屋探望妻子。其实昨天夜里，妻子杨氏就预感即将临盆了，为了省钱，她没有让丈夫去请产婆，只说："不忙，我已经生过好几个孩子了，有经验。"果然今天凌晨，杨氏在睡梦中惊醒，顺利地产下第三个儿子。孙达成心疼产后虚弱的妻子，用力握紧了她的手。

而后，孙达成轻轻抱起他这一大早就迫不及待来到人世间的儿子，开心地说："又是一个儿子。儿子好啊，儿子可以传宗接代。"他深受中国封建思想影响，重男轻女的观念很重。他何曾想到，自己怀里抱着的这个婴儿，四十年后将领导中国人民推翻几千年的封建专制，倾覆清王朝的统治，极大地动摇了人们心中顽固的封建思想。

此时，孙达成的母亲黄氏推门进来，她听到婴儿的啼哭，知道儿媳妇又生了，便过来照料探望。小婴儿在大家的注视下，不停地蹬着腿，努力睁开自己的小眼睛，似乎急于打量这个陌生的神奇的世界。看他精力旺盛的样子，黄氏笑吟吟地说："真像阿眉，长大了也是一个懂事的好孩子。"她说的阿眉就是孙眉，已经十二岁了，他自幼聪慧懂事，已早早地帮助父母做事，为父母分忧解难。

又为人父的喜悦还未来得及减淡，孙达成心里又涌上愁苦。这第三个儿子的来临，也算夫妻俩一个大的安慰。看着襁褓中的婴儿，他想起了儿子德佑。去年，五岁的德佑本来活蹦乱跳，聪明伶俐，没想到得了一场病，没有及时医治，小小年纪就夭折了。夫妻俩为此痛苦了好久，杨氏更是一想起他就忍不住掉眼泪。如今这第三个儿子的到来，也算是给夫妻俩一个安慰。

已经五十三岁的孙达成，上有老母，中有弱妻和两个寡居的弟媳，下有自己和弟弟们尚未成年的孩子，仅靠他一人耕种劳作，负担实在太重。他们的长女金星和次子德佑就是因为家里贫穷而生病请不起医生，最终夭折，这个新生儿的命运又将是怎样的呢？想到这里，孙达成不禁长叹了一口气。杨氏看着丈夫脸上复杂的神色，又岂能不知他心中所忧，也默默地流下泪来。她从丈夫手中接过儿子，看着儿子的小脸，心里默默地说：德佑啊，你是舍不得撇下你阿妈，又回来和我团聚了啊。手里忍不住把孩子往怀里抱紧，生怕被别人抢走一样。

不管大家怀着怎样的心情，这个新生儿以洪亮的哭声，向这个世界宣告他的到来。他大声地啼哭，时而扭动四肢，时而睁大眼睛。孙达成渐渐平复了心情，对妻子说："看小家伙这个样子，真神气！一定会像老大孙眉一样，健健康康长大。"杨氏微微一笑："是啊，你看他腿踢得多有力。我们给他取个什么名字？"

按照族谱，孙眉他们行辈为"德"。孙达成请人算过了，说这个孩子命贵骨重，将来会有大出息，建议取名德明。孙达成一听孩子命好，高兴得合不拢嘴，立刻同意用这个名字。杨氏则对风水先生的话不以为然：德佑出生的时候，风水先生也这么说。"命好命好，我听了这么多孩子算命，没有一个命不好的，可长大成人后呢，还不是都是靠自己打拼奋斗才有出息。"在她朴素的人生观里，勤劳能干一直居于首位，这也是许多中国农民的生活信念。她也不反对风水，也没有胆量和封建习俗做正面交锋，只不过私底下发发牢骚而已。听说儿子的命好，她还是很开心的。

杨氏说：“孩子还小，不如先取个乳名吧。”她讲起怀孕几个月时一天，她一个人独坐在大厅的椅子上缝补衣服，忽然觉得一阵精神恍惚，飘然若梦，仿佛有一个人，披头散发，站在她的面前。她抬头看，好像是庙堂里供奉的北帝君，大吃一惊后就晕了过去。清醒后，她不知如何是好，抬头向墙上一瞥，见墙上贴着一幅画，是一尊佛爷骑在一头大象的背上，顿时来了灵感，马上往村里的北帝庙走去。北帝庙里供奉着三个神，男神北帝君居中，他手持宝剑，拇指朝天；两个女神护卫在两边。人们常来这里烧香，祈求平安富足。讲到这里，杨氏对丈夫说：“要不乳名就叫帝象吧?”孙达成迟疑了一下，然后点头道：“也好，就叫帝象吧!”

这时，他们三岁的女儿妙茜睡醒，爬坐起来，揉着眼叫道：“饿，阿妈，我饿，我要吃白薯。”

“阿茜，”杨氏温柔地喊道，“快来看看阿弟，他叫帝象。”

妙茜好奇地看着襁褓里的小弟弟，自言自语道：“阿弟，帝象，帝象。”

孩子有了乳名，孙达成夫妇心里也安定下来。家里又多了一张嘴，他们只能更加辛勤地劳作了。小帝象长得极像他的母亲，民间有传言，相貌像母亲、性情像父亲的孩子，将来一定有大的造化。全家人都把小帝象视为珍宝，尤其是祖母黄氏，她常常把小帝象抱在怀里，絮絮叨叨地和他说话，讲一些故事。1869年，黄氏去世，四岁的小帝象第一次感知死亡，他和亲人一起依依不舍地把祖母护送到墓地安葬。

帝象绰号“石头仔”

帝象出生的第二年，1867年，他的三叔孙观成在美国加州的淘金矿区遇难。这个消息传来，祖母黄氏悲痛欲绝。她的二儿子三年前死在上海附近的海面上，如今三儿子又在异乡亡故，白发人送黑发人，何其伤痛！黄氏痛哭着说：“老天爷，怎么死的不是我？我这辈子没有做过坏事，为什么要我的儿走得比我早？你拿我的命去换我儿子的命吧，老天爷……”

孙达成伤心地接受了这个事实，他早知道在外谋生的苦力多有伤亡，能够活着回家的都是侥幸，寄回家的钱都是用命换来的。两个弟弟全部遇难，家里未成年的孩子就只能依靠他这个大伯帮着照料。他租种了弟弟家的田地，一方面解决自家的生活口粮，另一方面也帮助他们两家度日。就这样，孙家人再不准自家的孩子去海外务工。

小帝象一天天长大，他活泼调皮，有强烈的好奇心，反应特别敏捷。村里儿童流行的各种传统游戏，像放风筝、踢毽子、量棒、跳田鸡、劈甘蔗等，他都很爱玩，也玩得很出色。其实，帝象玩游戏的时间并不多，像其他孩子一样，他每天要读《千字文》《三字经》，还要练写字、背课文。所以每次玩游戏，他都很投入。

有一次，他和伙伴在村口的大榕树下玩捉迷藏。一个叫大秀的孩子藏起来了，大家怎么找都找不到——他到底藏到哪里去了呢？帝象想了想，然后指着不远处的河说："我看他一定藏到河里去了。"小伙伴们一听，哈哈大笑着跑向河边。果然，大秀正躲在河边浅水的草丛里。大秀爬上岸，边绞着湿漉漉的辫子里的水，边问："帝象，你怎么知道我在河里？"帝象得意地拍拍胸口说："我们到处都找了，不见你的人影。我想除非你上天入地，可是你哪有那本事？最多不过就是躲在水下头呗。"小伙伴们听了都很佩服他。

就这样，帝象在村里小孩中的名声很响，大家都知道他聪明。帝象游泳也游得很好。在当地，孩子们从小就会游泳，天气炎热的时候，他们每天都会三五成群地泡在河里，玩水游泳，驱除暑热。帝象水性天生就极好，他和同伴们一起下水，总是游得最快、潜得最深。村里的人都这么形容他——入水如蛙，无人能及。俗话说，树大招风，人出名就招人妒，帝象小小年纪也没能逃过。

离帝象家不远有一户专门做豆腐生意的人家，老板人称“豆腐秀”。“豆腐秀”有两个儿子，比帝象这些小孩子大几岁，平常上树抓鸟，入水摸鱼，很是顽皮，还经常仗着自己力气大，欺负村里的小孩。

有一天，帝象和几个小伙伴蹲在河边捞鱼。突然，一块石头飞过来，正好砸在一个叫陆皓东的小孩脑袋上。陆皓东一声尖叫，跳起来叫道：“是谁？是谁这么不长眼睛？”

这时，“豆腐秀”的两个儿子双手叉着腰，一脸满不在乎，一摇一摆地走过来。瞅瞅这个，瞧瞧那个，最后盯着矮小的帝象，一副不屑的神情。帝象握紧小拳头，逼视着他们兄弟俩，指着陆皓东的脑袋说：“是你们乱扔石头打人吗？你们应该向他道歉。”

“道歉？”两兄弟哈哈大笑着说，“凭什么道歉？石头又没有长眼睛，它哪里分得出来谁是好人谁是坏人。再说，老子就没有道过歉。”

帝象被他们这种蛮横不讲理的态度激怒了，大声地对他们说：“石头没有长眼睛，难道你们也没有长眼睛吗？石头是你们扔的，你们就应该道歉。”

本来，这两兄弟是来找帝象比赛游泳的。他们水性都不错，常听村里人夸帝象的游泳技术好，很不服气，特意来找他比一比。他们来到河边，看到帝象和小伙伴们玩得很开心，心里就不痛快，于是就故意扔石头搞破坏。现在，帝象抓住他们乱扔石头砸伤人的事情不放，他们更加恼火了。只见老大瞪着眼睛吼道："我们就是不道歉，看你能怎么样！"老二在一旁助威："是啊！你能把我们怎么样？来打我呀！"

大家都知道他们力气大，平时就爱欺负人，大家没有少挨过他们的拳头，对他们深感畏惧。陆皓东拉着帝象的手，悄悄地说："帝象，算了吧，别跟他们争了。他们的拳头可硬呢，打人可狠呢。"说完，又使劲拉了拉帝象，让他赶紧走。

可是，帝象很倔强，面对强大的对手反而更加勇敢。他毫不含糊地说："拳头硬又怎样？拳头硬得过理吗？我不怕！"

听他这么说，两兄弟彻底被激怒了。老大上来就挥拳打了帝象三四下，把他打翻在地，接着，老二上来踢了两脚。看到真的打起来了，小伙伴们一哄而散。帝象趴在地上，顺手捡起一块石头，转身扔向两兄弟。随后，他腾地站起来，挥舞着拳头朝两兄弟冲过去。兄弟俩看他那副不要命的样子，也吓坏了，加上理亏心虚，反身就往家里跑。帝象紧追不舍，一边追，一边不屈不挠地喊："站住，你们做了坏事，跑到哪里都没有用。你们站住……"

兄弟俩一路疾跑，躲进自己家里不敢出来，还把一口铁锅拖过来堵在门口，阻挡帝象进去。帝象手里握着一块大石头，追到"豆腐秀"家门口，大声喊叫。其他小伙伴听说帝象打跑了"豆腐秀"的两个儿子，心里又高兴又好奇，陆陆续续聚拢过来，给帝象助威。"豆腐秀"的家门口顿时热闹起来，大家纷纷叫嚷着让兄弟俩出来道歉。

恰好这天“豆腐秀”两夫妇都不在家，所以任凭孩子们在门外怎么喊，他们两个儿子也不敢露面，缩在家里观望外面的动静。喊了半天，也不见两兄弟出来，伙伴们便都围着帝象问：“怎么办？他们不出来，我们接下去怎么办？”

帝象的心里燃烧着怒火，他大声地冲着屋里喊道：“你们兄弟两个经常欺负弱小，太可恨啦！今天我就代表大家来惩治你们。”说完，他把手里的大石头重重地扔向门口的铁锅，只听“哐当”一声巨响，铁锅裂了一道长纹，然后很多细纹散开。这口锅算是彻底废了。孩子们见了，都当场愣住，先是沉默，紧接着都缩头缩脑地悄悄往后退，很快就四散逃开。

看着眼前的破锅和散开的小伙伴，帝象的心慢慢平复下来。在他幼小的心里，他认为自己终于惩治了坏蛋，伸张了正义。但他没有想到，砸坏铁锅会给他带来怎样的麻烦，毕竟此时他不过四五岁。中国古话说，三岁看老，这个年纪的孙中山，他的行为反映出他反抗压迫、勇于斗争的本性。也许这就是孙中山一生中无数次抗争里最早、最原始的一次。

然而，小孩子砸坏人家铁锅可算是件大事。杨氏听说此事后，连忙放下手里的针线活赶过来，她一面训斥帝象，一面不停地向刚刚进家门的“豆腐秀”夫妇赔礼道歉。帝象倔强地说：“他们欺负人，而且还不道歉，是他们做错事在先。”

杨氏气得直跺脚：“不管怎么说，你都不应该砸坏人家的锅。你哪里知道买口锅多贵啊！”

小帝象依旧拧着脖子，就是不肯认错。

“豆腐秀”全家依靠做豆腐生意为生，生活也不容易。他们夫妇也听说是自己的儿子欺负人在先，还砸坏人家脑袋，自知理亏，又见杨氏主动上门道歉，也不打算继续追究了。杨氏也知道“豆腐秀”的家庭情况，心里过意不去，主动拿钱执意要帮他们家买口新锅。“豆腐秀”夫妇连连推辞：“乡里乡亲的，都处得不错，孩子们闹点别扭，也是正常的。我家两个小子很顽劣，以后一定好好管教。事情过去了也就算了，这个钱我们不能收。”

尽管“豆腐秀”夫妇一再推辞，杨氏还是把钱放在他们桌子上，带着小帝象回家，并且狠狠地训斥了他。“豆腐秀”夫妇也深感平日里对自己的儿子太过放纵，借此机会狠狠责罚了两兄弟。这兄弟俩因为这件事弄得灰头土脸，竟也收敛了脾性，变老实了，再也不敢随意欺负别人。这件事很快在翠亨村传播开了，男女老幼见到帝象，有打趣的、好奇的、关心的，但都会问一句：“帝象，你砸人家的锅怕不怕？”

不管谁问，小帝象都会认认真真地回答：“欺负人就是不对，我们就应该和他们斗争，不能让他们随便欺负人。”可见，在幼小的帝象心里，有着一颗渴望正义的心。反对压迫、坚持斗争是他从小就有的风骨。

乡亲们对帝象小大人式的回答很感兴趣，又感叹这孩子骨子里倔强不服输的特点，加上他这次又用大石头砸破别人家的铁锅，就给他取了一个外号“石头仔”。“石头仔”的名

号一叫开，很多人慢慢就忘记了他的乳名“帝象”。长大后的孙中山真的很像自己童年的绰号，具有像石头一般坚硬的品格，顽强不屈，对抗来自各方面的压力，为老百姓寻求正义和公理，并将此作为自己奋斗终生的事业。

孙达成夫妇也觉得孩子慢慢长大了，“帝象”这个名字太大，怕折了孩子的福报。过去农村认为给孩子取“贱名”好养活，“石头仔”这个名字着实普通，正合他们夫妇的心意，于是，“石头仔”的名字就这么叫开了。

翠亨村的人都知道“石头仔”，人小鬼大，脾气倔，不好惹。一天，村里有户地主家娶亲，村子里老老少少都守在村口看热闹。“石头仔”也和他的小伙伴夹在人群中，欢天喜地地跑来跑去，像过年似的。突然，有个中年汉子喊住他们，大声训斥道：“小孩子，躲一边去，别在这里碍手碍脚。”“石头仔”他们连忙跑开了，但他们刚站下，那个汉子又过来撵他们走。三番五次之后，孩子们烦了，叽叽喳喳说道：“这分明就是不让我们在这儿玩嘛。要不我们还是去河边玩吧？”“石头仔”的犟脾气又上来了：“为什么大家都可以在这里看，偏偏不允许我们看？”大家嘀嘀咕咕正商量着，那个汉子又过来呵斥他们。“石头仔”不服，站出来大声质问道：“你为什么要撵我们走，我们做错了什么？”

那个汉子是村子里有名的无赖，是地主家的打手。今天奉命维持秩序，所以他拿根鸡毛当令箭，好像自己当了多大的官儿一样，呼三喝四的。大人们都知道他是个什么货色，不理睬他的吆喝，他就只好拿着小孩子开刀。他见“石头仔”小小个子，竟然不听他的话，面子上挂不住，挥舞着拳头，更加大声地说：“不为什么，就是看你们不顺眼，就是要撵你们走。快走！谁不走就挨打。”

孩子经他一吓唬，都一哄而散，逃得远远的，生怕挨打。唯独石头仔一动不动地站在原处，正气凛然地说：“这是大家的地方，你说了不算。”

周围的大人都为他捏了把汗，有几位好心的大妈上前去劝他：“石头仔，快走吧，别那么倔了。听话，回家去。”

“石头仔”怒目圆睁，两条腿像生了根似的，动也不动。大家也知道他的脾气，只能回头劝那汉子：“石头仔就是个倔脾气，你大人不记小人过，别跟他一般见识。算了吧。”

那个汉子本就是想驱赶孩子耍耍威风，也没有真想动手。更没想到碰上石头仔这么一个不怕吓唬的犟脾气，大庭广众之下，他也不好真动手打小孩，于是，骂骂咧咧地走开了。

大伙儿又一次见证“石头仔”不向武力屈服的精神，也被他那股子劲感染了。大家私下也嘀咕：“唉！这孩子真不愧叫‘石头仔’，脾气就像石头一样硬，以后说不定要吃苦头。”

第二章

追问世间不平事

诞生在贫苦农家的孙中山性情倔强，自幼喜欢思索，并探寻问题的本质。面对不公平，他总是表现出超乎寻常的顽强，不轻易服输。然而，世间的不公平实在太多。深受封建朝廷和列强双重欺压的中国人民生活在水深火热之中。他们辛苦劳作却吃不饱饭，鞋匠的儿子穿不起鞋，只能光着脚丫。可愚昧落后的国人不知道觉醒反抗，还要男孩子读经书，要女孩子缠足，继续走封建的老路。幼小的孙中山看到这些不平事，发出了强烈的追问。他稚嫩的探索有没有回音？这些事情对他的成长又会产生哪些影响？

种田劳作无饭吃

快乐的时光总是那么短暂，尤其在生活贫困的时候。不管你是天真的孩童还是当家的大人，都必须面对生存最需要解决的问题——如何填饱肚子。石头仔出生的时候，正是家里最困难的时期，孙达成夫妇的长子长女都还年少，老母亲年已近八十，全家人就靠孙观成租的那几亩薄田维持生计，像那个时期大多数的中国农民一样，过着食不果腹、衣衫褴褛的日子。石头仔像所有贫苦人家的孩子一样，从小就开始劳作。他六岁那年就开始跟随姐姐妙茜上山砍柴草，去塘边捞塘飘喂猪。每年，他还要替人放几个月的牛，换回牛主家的牛给孙家犁地的工价。年纪再稍大一些，他就下田插秧、除草、排水、打禾，有时还跟着他的外祖父杨胜辉驾船出海捕鱼。

五六岁的孩童原本应该还在父母的怀抱里撒娇，但小小的石头仔已经奔走在家乡的山间河边，背着竹篓，拿着镰刀，光着脚丫，为家中的生计贡献自己的力量。他看起来那么弱小，却又那么坚强。他每天都要劳作，早上天未亮就起床上山，干了一天的活儿，到了晚上却依旧填不饱肚子。这样的生活日复一日，磨炼着他小小的身子和心志，让他切身体会饥饿的痛苦和贫穷的可怕。

童年时的石头仔就显示出与一般的孩童不一样的地方，他喜欢睡装了豆的枕头，因为这种枕头，既不像套硬布的砖枕那么坚硬，又不像装茶叶的枕头那么柔软。林百克先生在给孙中山先生写的传记中这样评价这个生活细节：“他（孙中山）那时虽是一个小孩，却知道采用一种舒适的中和之道。”长大后的孙中山很少谈及自己的童年，但他的夫人宋庆龄女士曾经生动地描写过他幼年时的生活状况：“孙中山很穷，他住在多山的地区。在那里，小孩子赤足行路是件很苦的事。在他和他兄弟没有成年以前，他的家住在一间茅屋里，仅仅不至挨饿。他幼年没有米饭吃，因为米饭太贵了。他主要的食物是白薯。”

童年的苦难经历成为后来孙中山革命的最初动力。在他五六岁时，面对吃不饱饭的问题，他曾发出过强烈的追问。那次，他像往常一样跟着姐姐妙茜上山打柴草。时值初秋，南方的天气还是很热。他们走在山路上，石头仔的脚板不时地被碎石扎着，但他没有喊疼，因为他已经习惯这种疼痛。

这里是五桂山麓余脉的金槟榔山，山上一年四季树木葱葱，枝叶繁茂，路边野花盛开，景色也很美。林子里、草地上鸟飞虫鸣，不时地引逗着小小的石头仔，但他不为所动，只是放下小背篓，挥舞着小镰刀砍树枝。他和姐姐都力气小，只能砍低矮的灌木丛。砍了一会儿，石头仔手指不小心刺破，流出鲜血，姐姐妙茜连忙捡起树叶给他包扎，边包边说："别动，过一会儿就好了。你不要砍了，还是歇会儿吧。"

石头仔忍着疼痛，不服气地说："不，我还能砍。"说完，又去拿刀。姐姐妙茜制止他，说："你呀，以为自己叫石头仔，就真的像石头一样？你身体还很弱呢，我听阿爸阿妈说哥哥五岁时，都能一个人上山打柴了。"

姐弟俩边聊边干活，很快就日暮西山了，太阳的余晖洒落山川大地，呈现出壮美之色。妙茜从怀里拿出一个白薯，递给石头仔："吃吧，你们男仔容易饿，我偷偷给你带来的。"小石头仔懂事地推辞："家姐天天给我带白薯，你自己都不吃。我今天干活少，不饿。还是家姐吃吧。"妙茜笑着说："吃吧，虽然今天干活少，但到时间点也该饿了，你快吃吧。"石头仔接过白薯，掰成大小两块，把大的一块递给姐姐，自己拿着小的啃起来。

吃完白薯，石头仔望着眼前的景色，心里有股说不出的感觉。他像以往一样，一口气爬上山顶，放眼远望，只见山下一片黄澄澄的稻田，在落日的余晖下显得格外美丽，一年的劳作，就等着收获。

石头仔兴奋地指着稻子喊："家姐，山下的稻子黄了。"

妙茜笑着回应："那是稻子熟了，过几天就该收割了。"

石头仔更加激动地说："可以割稻子了，是不是我们就要有白米饭吃了。"

妙茜的脸色像落山的太阳，一下子暗下来，她垂下头，轻声说："年年收割稻子，可是我们穷人什么时候吃过米饭？"

石头仔没有听到姐姐说的话，只是急匆匆地冲下山，背起他的小背篓说："家姐，我们回家吧，告诉阿妈可以割稻子了，我们不用天天吃白薯了。"

妙茜看着小石头仔天真的小脸，摇着头说："阿弟啊，稻子年年丰收，可我们只能天天吃白薯，我们穷人是吃不起白米饭的。"

石头仔满心欢喜地以为收获稻子就可以吃上米饭，没有想到姐姐把他的希望否定了。他疑惑地看着姐姐，发出了他人生中对于不公平的第一次追问："这是为什么？我们不吃米饭，那我们的稻子都到哪里去了呢？"

妙茜也转身望着山下的稻田，想了一会儿才说："我也不知道，反正我们吃不起米饭，只有地主和有钱人才吃得上。"

这句话极大地刺激了石头仔，他想起父亲日日在地里辛苦劳作，插秧、除草、除虫、防病、灌溉、收割，有时自己也和姐姐一起去帮忙。而村里的地主什么都不做，甚至很少去田间。他不由愤愤地说："种田人吃不起米饭，而地主和有钱人不种田，却天天有米饭吃，这是为什么？"

面对人世间的不公，小小的石头仔发出这样的追问。

妙茜想都没想，脱口答道："你没听人说吗？地主命好，有福气，种田人都是穷苦命，我们怎么能跟人家比？"

石头仔皱着眉头，对姐姐的回答感到疑惑和不满："为什么大家的命不一样？工作出力的应该有饭吃，不能收了稻子还挨饿。"

妙茜看了看石头仔一脸认真的神情，像个小大人，叹了口气，然后一边弯身收拾柴草，一边说："你想得太多了，这些事哪里是我们能管的？赶紧收拾回家吧，再不回去，阿爸阿妈该着急了。"

石头仔反驳道："我们为什么管不着？我们是种田人，种田却吃不饱饭，这太不公平了，我觉得世上的人都应该要吃饱饭。"

妙茜背起一大背篓的柴草，又拍拍弟弟的肩头说："走吧，不要胡思乱想了，要像你说的人人都吃得起白米饭，那得种多少稻子呀？"

石头仔并没有理会姐姐的话，他自言自语道："肯定会有那么一天的，人人都能吃上白米饭。一定可以的！"他对美好生活的渴望是那么强烈，这崇高的理想和追求，将伴随他一生，并成为他为之奋斗的目标。

天色渐渐昏暗，归巢的鸟儿匆忙飞过，不远处炊烟袅袅，家家户户都在准备晚饭了。姐弟俩很快下山走进了村子，拐了几个弯来到自家门前。他们刚要抬脚进门，就听见里面传来大声的说话声，好像在吵架。妙茜和弟弟对视了一下，不明白家里发生了什么事情。石头仔人小胆大，一个箭步跨进院门，大声地喊：“发生什么事情？谁在吵架？”

茅屋门吱呀一下打开，从里面走出一个十七八岁的少年，个头不高，浓眉大眼，很是精神。他看到石头仔高兴地大声叫起来：“帝象，你都长这么高了！你去做什么去了，怎么现在才回来？”

石头仔这才看清，面前站着的是自己的大哥孙眉，他激动地扔下背篓，扑上前抱住孙眉说：“阿哥，你回来了，你来了不会再走吧？”

妙茜也赶过来，围着大哥又跳又笑。三人开心地说说笑笑，好不热闹。这时，屋里传来他们的父亲孙达成沉闷的咳嗽声，声音里透出忧愁和不满。妙茜很懂事，她示意哥哥和弟弟停下说笑，并且悄声地问孙眉：“阿哥，我们刚才进院时，听到有人争吵，是谁在争吵？是你和阿爸吵吗？”

石头仔也从兴奋中冷静下来，着急地扯着孙眉的胳膊问：“阿哥，是谁和阿爸吵？是不是家里又出什么事情了？”

孙眉听到妹妹和弟弟的询问，脸色沉了下来，看起来十分忧愁。随后，他说：“是我，是我和阿爸吵。”

妙茜和弟弟一听，大吃一惊，在他们心里，大哥能干、懂事，孝顺、体谅父母，平时很少和父母顶嘴。父母也总是在弟弟妹妹面前夸赞他。今天他怎么刚回家就和父亲吵架呢？这究竟是为什么？

鞋匠儿子没鞋穿

孙眉已经17岁了，他一直在外面打工，平时很少回家，这段日子他常去外婆家。舅舅杨文纳听人说远在太平洋夏威夷群岛的檀香山满地都是黄金，赚钱很容易，一心想前往。孙眉受舅舅的影响，也心有所动。他正当青春年少，热血沸腾，看到有些人漂洋过海发了财，脱离了穷苦贫困的生活，不由眼红心热，内心不安分起来。

夏威夷几乎位于太平洋正中间，美丽富饶，风光旖旎，气候温和宜人，素有“太平洋乐园”之称。1778年，英国探险家詹姆士·库克船长航海经此，首次发现了夏威夷群岛；1794年，英国航海家威廉·布朗抵达这里，此后这里成为过往船只的停靠处；1894年，一批外来的白人举事，推翻了夏威夷王国，成立了夏威夷共和国；1898年美国兼并了夏威夷。夏威夷特殊的地理位置和独特的开发前景，吸引世界各地的人前往开发，发展势头迅猛，其中亚裔人口众多。

檀香山是夏威夷的首府，它正式的名称叫火奴鲁鲁，意思是避风港。19世纪这里因檀香木贸易而兴盛，华侨便称此地为檀香山。其实檀香山这个地方并没有很多檀香树，檀香树原产于印度南方及印尼蒂文群岛，当时有很多商船在这里停靠交易，其中的重要货物就是来自印度和南洋的檀香木。当时，有不少中国人在檀香山发展。

舅舅杨文纳的一个同乡去檀香山后不久，就寄回来不少钱，这事在当地迅速传开了，人人议论，家家向往，似乎檀香山堆满了金钱，只等着有人去取。最近，这个同乡回村里招工。大家看他衣着光鲜，便纷纷上门巴结，请求带他们一起去挣钱。杨文纳与他自幼熟悉，也就沾光第一个报了名。孙眉听说后，便缠着舅舅帮他报名，也要跟着一起去。杨文纳一来担心他年纪小，二来怕姐姐不同意，就对他说："你回去问问你阿爸阿妈，如果他们同意，我再帮你报名也不迟。"孙眉于是急匆匆赶回家，与父母商量远赴檀香山务工的事情。

听说大儿子要去檀香山，孙达成夫妇头摇得像拨浪鼓，坚决反对。孙眉不厌其烦地诉说檀香山的好处，可孙达成夫妇就是不听。孙达成说："道听途说的那些事不可相信，檀香山那么远，究竟是好是坏我们都不清楚。你去了，万一不好，生活不下去，人生地不熟的，怎么办？"

杨氏怀里抱着幼女秋绮，也凑过来着急地说：“阿眉啊，你年纪小，去了阿妈不放心。等过几年你再长大些，娶了亲再去也不迟。”

孙眉反驳道：“阿爸不是十六岁就去澳门了吗？我都十七了，跟着舅舅一起去，有什么不放心的？出去闯闯，总比憋在家里饿死强。”

孙达成看到儿子这么倔，也急了，拍着桌子说：“难道我想你们饿肚子吗？你知不知道你二叔三叔是怎么没的？是命重要还是钱重要？我们一家人，哪怕饿肚子也要守在一起。再说，去檀香山得花多少钱，你知道吗？现在家里一分钱也没有，就是我们让你去也去不成。”

孙眉听了父亲这番话，一下子不吭声了。二叔和三叔过世的噩耗传来的时候，他已经记事了，他的脑海里至今仍会浮现出当时全家人悲痛欲绝的场景。现如今，只留两位寡婶带着堂弟妹们艰苦度日，如此凄惶可怜。

那个时期，漂洋过海是非常危险的事。很多出外谋生的人，还未到达目的地就葬身海底；有的历经千辛万苦到达目的地，却遇上黑心老板，在异国他乡被欺压至死；有的就算能够生存下来，但辛苦劳作换回的报酬也很有限，能寄钱回家的少之又少，那些传说中发达的就更是凤毛麟角。孙眉想到这里，双手抱着头无声地哭泣。杨氏看了，心疼儿子，走过去搂着儿子说道：“阿眉，莫急。你舅舅先去檀香山，等他在那里站稳了脚，给我们信，你再去。”

孙达成咳嗽了两声，看了看相拥的妻儿，想说几句安慰的话，终究什么也没有说。屋子里的空气一下子像冻住了一样，透着压抑。外面天色渐渐暗下来了，呆坐了半天的孙眉突然站起来，面对着父母，斩钉截铁地说：“我一定要去檀香山，我不能留在家里。我是老大，我一定要去。”

孙达成夫妇吓了一跳，两人先愣了一下，然后不约而同地提高了嗓门说道：“你想干什么？你怎么这么不听话，想气死我们吗？”就在这个时候，妙茜和弟弟进了院门。

当得知大哥孙眉是为了去檀香山和父母发生争吵，两个孩子特别得兴奋。他们叽叽喳喳地问这问那，话语里都是鼓励大哥去檀香山的。孙眉得到弟弟妹妹的认同，心里也很高兴，他再次鼓起勇气和爸爸妈妈表明了自己的决心。到了这个时候，孙达成心里也有些动摇了。他已经五十八岁了，依靠租的几亩薄田难以维持全家的生计，这几年要不是孙眉在外面打工，自己养活自己，这四个孩子他们实在养不起。看着几个穿着破衣烂衫，光着脚丫的孩子，孙达成忍不住长叹了一口气。他也多次听小舅子杨文纳说起檀香山的事，听说那个地方刚刚开始发展，土地很多，人也讲规矩，只要肯吃苦、肯做事就能赚大钱。凭他年轻时在洋人店铺工作多年的经验，他觉得大多数洋人还是讲规矩的，不难相处。只要按规章制度办事，薪酬虽少，但也很少会被无理克扣。他知道自己的大儿子孙眉能干，干活不偷懒、不耍奸，只要有活干，养活自己没有问题。

孙达成一方面还是担心儿子漂洋过海有危险，孙眉尚未成年，这就远离父母，他终归是舍不得的。另一方面，家里实在太穷，拿不出孙眉远赴檀香山的路费。懂事的孙眉也知道父母的担忧，他安慰父母，说自己会想办法筹集路费。第二天，他到二婶家帮忙割稻子。中午吃饭时说起去檀香山的事，二婶程氏忙问："阿眉，你真的要去檀香山？那地方这么远，去了会不会有危险？你不害怕吗？"

孙眉说："二婶，去的人可多呢，没什么危险的。再说，出去闯一闯，总比憋在家里忍饥挨饿强，说不定挣了钱，还能帮着我阿爸阿妈养弟弟妹妹呢。"

程氏听了点点头，觉得孙眉说得也有道理。虽然她的丈夫死在异地他乡，但他在国外几年拼命挣钱做工，也为他们母子积攒了几亩田地过日子。要不然，他们待在村里只能喝西北风了。

这时，石头仔蹦蹦跳跳地跑进来了，冲着孙眉就喊："阿哥，舅舅来了，问你去不去檀香山。"

孙眉放下碗筷，十万火急地说："去去去，我当然去的！"说完，拉着石头仔就往家里跑。

程氏望着他们兄弟俩离去的背影，叹了一口气，解开围裙，回头叮嘱女儿看家，也抬腿往孙达成家里走去，寻思着能不能帮上什么忙。

孙眉拉着弟弟跑回家，看到舅舅杨文纳正和父亲说着话，忙走上前说："舅舅，我要去檀香山的，你帮我报名吧。"

杨文纳看着孙达成说："姐夫，阿眉的路费准备好了吗？报名就要交钱，过几天就该出发了。"

孙达成眉头皱得紧紧的，像团拧紧的死疙瘩。他的目光浑浊暗淡，好半天才长叹了一口气说："唉，还没呢，一下子到哪里去筹那么多的钱？"

杨文纳也急了，说："那得赶紧想办法呀，时间不多了，赶紧筹钱啊。"

孙眉见状，连忙央求舅舅："舅舅，你先帮我报名，我一定能筹到钱的。"

石头仔在旁边听大人们说话，每个人都提到"钱"，不由插嘴道："阿哥出去不是赚钱吗？为什么还要交钱？"

孙眉听了，爱怜地拍拍弟弟的脑袋，然后低声对他说："去檀香山非常非常远，需要坐好多天的轮船，路上是需要花钱的。"

石头仔听得似懂非懂，脑海里浮现出一望无际的大海。他去外婆家曾跟着外公和舅舅坐过船，见过大海。他心里有些担心起来，大哥这是要去哪里？大海的另一头吗？他会不会掉到海里？万一掉海里了怎么办？想到这里，石头仔眉头也皱起来了。

一屋子的人，各自想着自己的心事，默默无语地坐着，偶尔传出孙达成的叹气声。后来赶到站在门口的程氏，向屋里看了看，张嘴想说些什么，想想还是没有开口。她招招手，把石头仔叫到自己身边，让他带自己去见杨氏。

妯娌见面，来不及客气，程氏就低声问道："阿眉要去檀香山，路费还没有凑够吧？"

杨氏叹了一口气，还未开口说话，眼泪就下来了。她说："没呢。你说，不去的话，在家里吃不饱穿不暖，他们兄妹四人我们实在养不了；去吧，路途遥远，他小小年纪，我们怎么能放心？万一有个什么意外，让我怎么活？再说，就算是狠狠心让他去，路费我们又去哪里筹？愁死我了！"

程氏劝慰了一番，接着说："还是让他去吧，阿眉的脾气你也知道，他心意已定，哪怕就是不去，心里也放不下的。再说，危不危险谁知道呢？那都是命，就看他有没有这个命。不如还是赶紧想想办法，要是没有路费就去不了。"

杨氏望着四壁空空的屋子，和几件破旧的家具，伤心地说："家里没有钱，有值钱的东西也行，好歹能抵押出去换点钱。可家里哪有像样的东西拿去抵押？"说到这里，她突然眼前一亮，拉着程氏的手说："对了，我想起来了，有一件可以换钱的东西，不知道你同不同意？"

程氏莫名其妙地看着杨氏，问道："什么东西，还要经过我同意？阿嫂，你不会是急糊涂了吧？"

杨氏激动地说："我家不是租了你们家几亩地，我想抵押出去二亩地就差不多够阿眉的路费了。你觉得怎样？"

程氏恍然大悟，想了想，点头说道："这倒也是个办法。阿眉从小懂事，肯吃苦，又能干，要是出去了一定会有出息，我支持他。"

妯娌两人当即来到了堂屋，把刚刚谋划好的想法告诉孙达成他们。孙达成听说要把弟弟家的土地抵押出去，心里很犹豫，毕竟这是用二弟的命换来的，他们孤儿寡母日后就指望这几亩地养活。孙眉听了则很兴奋，一再感谢婶娘。杨文纳也觉得这个办法不错，说道："姐夫，你就同意吧。现在报名的人都排队呢，要是这次错过了，再等到猴年马月也不一定有这样的机会。阿眉要是出不去，就只能像你一样，老老实实在这里受苦挨饿了。再说，他也不小了，不出去挣点钱，以后怎么娶媳妇?"

石头仔听说有办法让大哥去檀香山，也在一旁说："阿爸，你就让大哥去吧。檀香山肯定比翠亨村好，以后我会多帮家里干活的。"在他幼小的心里，檀香山同翠亨村并没有太大差别，只不过比翠亨村大一点、富裕一些。

孙达成见众人意见一致，都支持孙眉去檀香山，也不再坚持了，拍板说："那就这样定了吧，让你们二婶抵押地出去，筹集阿眉的路费。"

石头仔一听，第一个跳出来，抱住孙眉，开心地说："阿哥，你可以去檀香山了，你可以去檀香山了。"

很快，他们找了一家当铺，将程氏当初租给孙达成的二亩地抵押出去，终于凑够了孙眉的路费。

出发的日子终于来到了。这天夜里，孙家上上下下十几口人聚集在孙达成破旧的茅屋下为孙眉送行。孙眉肩上背着包裹，手里拿着油布雨伞，和大家一一告别。虽然先前是他自己一再要求去檀香山的，可到了分别时刻，心里难免不舍。他给父母长辈磕了头，又与兄弟姐妹们话别。泪水始终在眼眶里打转，孙眉强忍着没有让它流下了。

孙达成叮嘱孙眉，在外面挣了钱，首先要买锡箔纸，祭奠客死异乡的叔叔；杨氏则拉着儿子的手，一再嘱咐他要照顾好自己。孙眉一一答应了，然后狠狠心，抽出母亲握紧的手，转身走出家门。就在这时，小石头仔突然冲过来，抱紧了孙眉的腿，大声哭了出来："阿哥，你不要走，不要走。我会想你的。"平时孙眉长年在外面打工，很少回家，这次难得在家待了几天，石头仔一直缠着大哥讲故事，说外面的见闻，很是依恋。在小小的石头仔眼里，大哥去檀香山似乎是很遥远的事情。直到现在，他才真切地意识到，大哥真的要走了，去到很远的地方，什么时候回来还不知道。就在孙眉转身跨出大门的那一瞬间，石头仔内心的不舍一下子全部涌了出来，他再也管不住自己，大声哭了出来。

听见小儿子的哭声，杨氏也忍不住跟着哭出声来，大家原本忍着的泪都夺眶而出。孙眉回过身，弯下腰，轻轻地擦去石头仔的眼泪，摸着他的小脸蛋说："阿弟乖，在家要听阿爸阿妈的话，等我到檀香山挣了钱，就给你买好多好吃的东西，保证再不让你饿肚子。"

石头仔摇摇头，轻声说："我不要好吃的……我想要一双鞋，我还没有穿过鞋呢。"

这句话好像一声惊雷，惊醒了在场的所有人。大家不由自主地看看每个孩子的双脚：一双双赤裸的脚，沾满了污泥，有的还有受伤后留下的疤痕。孙达成心痛地看着孩子们的光脚，深深地叹了一口气，说：“唉，我在澳门做了十几年的鞋匠，修鞋制鞋无数，到头来，自己的孩子却穿不上一双鞋。这是什么世道？”说完，他抱起石头仔，用粗糙的双手抚摸儿子伤痕累累的小脚。

石头仔看着父亲悲戚的神情，不解地问：“阿爸，为什么鞋匠的孩子没有鞋穿？你做的鞋都到哪里去了呢？”

孙达成泪眼模糊，哽咽了几声没有回答。

孙眉蹲下来，看着弟弟充满疑惑的眼睛，坚定地说：“阿弟，放心吧，等阿哥挣到钱，一定给你买双鞋！”

石头仔也郑重地点头答应道：“嗯！”

随后，孙眉转身出了家门，头也没回踏上了出国的路。这一去，前途茫茫，不知道何日才能重返家园。

第三章

童蒙受教打基础

石头仔渴望能穿上鞋，也渴望能获得平等和公平。苦难的岁月磨炼了石头仔，让他对劳动人民的痛苦有着深刻的了解和同情，这很大程度上影响了他后来革命思想的形成。他曾经说过:“幼时的境遇刺激了我，我如果没有出生在贫农家庭，我或许不会关心这样重大的问题。”“当我能够独自思考的时候，在我脑海中首先发生的疑问，就是自己的境遇问题，亦即我是否将一辈子在此种境遇不可，以及怎样才能脱离这种境遇的问题。”他从个人的境遇进行思索，认为中国的孩子不应该吃不饱饭、穿不暖衣，进而推及整个民族的前途和命运。这种胸怀天下的正义感正是一个革命家需要具备的品质。

石头仔学名孙文

大哥孙眉走后，石头仔承担了家里更多的农活。他除了要帮着父亲下田插秧、除草，上山打柴，捞塘飘，还要去外婆家，跟着外公驾船出海捕鱼取蚝。这些繁重的劳作既锻炼了他的身体，也磨炼了他的意志，让小小的石头仔更加坚强有韧性，同时塑造了他不屈的人格。杨氏看他小小年纪如此辛苦，心里十分心疼，经常会说："帝象，不要那么辛苦。当心累坏了身体，过来歇一歇。"

石头仔每次都会说："大哥走了，家里就我和阿爸两个男人。我当然要多做一点啰，不能让阿妈你和姐姐妹妹太辛苦。"看他一脸认真的小大人样，杨氏忍不住笑了。

孙眉离家不到一年，孙家就接到他平安到达檀香山的消息。他在来信里讲，那儿有美丽的风景、肥沃的土地和丰富的食物，棕榈树围绕着海滨，到处都是果园，是拥有宝藏的群岛。有时，孙眉的来信由石头仔读给大家听，每到这个时候，大家都停下手中的活计，认真地听着。那时中国还没有邮局，孙眉和家里的书信来往全靠侨民往返时替他们携带和交付，这是他们唯一的沟通方式。所以，往往要过很久，孙家才有可能收到孙眉的下一封来信。寄信就更加不便，有时要等一年，才有可能在金星港附近找到一个到檀香山去的侨民，帮他们把信带去给孙眉。

孙眉到了檀香山后，最早的工作是在华侨菜园里做工，每月薪酬15元。他省吃俭用，除了自己每月最基本的开支，都会省下10元左右寄回家中。在翠亨村的孙达成夫妇收到儿子每月寄来的10元钱，也看到了希望。他们首先张罗着赎回抵押出去的土地，还清向亲戚朋友借的钱，然后就想着攒钱为大儿子说亲成家。

孙眉在菜园工作了11个月，然后去了海滨开垦。他把在翠亨村学到的排水耕地的方法，用在檀香山的湿地上。夏威夷当地人看到这个中国人耕种过的土地，产量更丰富了，都对他十分佩服。久而久之，孙眉就很受当地人的尊重，后来他又转到夏威夷设立的牧场做工，工作比原来更辛苦了，但是薪酬也略微提高。在孙眉的努力下，孙达成家的境况慢慢改善了。1875年，在去到檀香山的第四个年头，孙眉寄回一笔钱，并且写信专门叮嘱父亲，这是给弟弟石头仔上学用的。他对弟弟给予无限的关爱，也寄予殷切的期望。

其实，早在孙眉离开家去檀香山之际，孙达成就把石头仔送进村里的私塾读书了。那时私塾的先生总是要求学生反复诵读《三字经》《千字文》之类的书籍和日复一日地练习毛笔字，私塾也没有现在寒暑假和周末假日，每年只在农历新年、端午和中秋节放几天假。石头仔非常聪明，他不满足于私塾里枯燥的学习内容，而且常常问私塾的先生“为什么”，先生有时也被他问得无言以对。石头仔小小的脑袋里总是装满了求知与探索。

大哥孙眉寄钱来让石头仔读书，孙达成夫妇很高兴，为石头仔置办了一身像样的衣服，带着他去冯氏宗祠村塾报名读书。

冯氏宗祠村塾的老师是台山王氏，教书相当严格。石头仔第一次踏进村塾，看到光线暗淡的课堂里坐着好几个孩子，他们双手反背，摇头晃脑，一字一句地背诵诗文。只见王先生端坐前面，半眯着眼睛，似睡非睡。孙达成领着石头仔来到王先生面前，说：“先生，我家帝象也来读书，请您收下他吧。”

王先生猛地惊醒，揉揉眼睛，看着石头仔问：“你也想读书吗？好！好啊！我听说你特别顽皮，外号石头仔，村塾里要求严格，可由不得你胡作非为。”

石头仔早就渴望正式读书了，不假思索地回先生的话，“我记住了，我肯定好好读书，保证听先生的话，我什么时候可以读书？”

王先生看石头仔快人快语，眼睛里透着聪明伶俐，心里便多了几分喜欢，亲自把石头仔带到一个空闲的桌子旁，指着座位说："坐吧，现在就教你读书。"说完，他就抑扬顿挫地为石头仔读了一遍教学生们的诗文，让石头仔跟着读。

石头仔认真地读了两遍，站起来说："先生，我记住了。"

王先生吃了一惊，半信半疑地说："我教了两天，他们都没有记住，你只读两遍就记住了？好，你背给我听听。"

石头仔声音洪亮地背诵完整篇诗文，竟然一字不差。王先生和其他学生都惊呆了，对新入学的石头仔刮目相看。

石头仔入学不久，王先生看他长得斯文，喜欢学习，为此给他取了一个学名——孙文。后来的孙中山在很多场合都用"孙文"这个名字，在公文、函电中，都喜欢署名"孙文"。有了学名的石头仔格外高兴，兴冲冲地跑回家，对父母说："以后不要再叫我的乳名了，先生给我取了学名叫孙文，以后要叫我学名。"杨氏听了，笑着说："孙文，好名字！我们帝象以后可要好好读书，做个有文化的人，那样才有出息。"

"说过不能叫了，你还叫。再叫我要生气了。"

"好好好，叫孙文，孙文这名字好！"

此时的石头仔，个头长高了许多，身子骨也更健壮了，终日劳作晒得皮肤黝黑发亮，依然光着脚走路。虽有孙眉寄回来的钱，孙达成夫妇还是很节省，没舍得给孩子买一双鞋。就这样，石头仔开始了名为"孙文"的新岁月。

他天天早早起床，帮着父母干完农活，然后蹦蹦跳跳地赶往村塾。路上，他边走边背诵昨日先生讲过的文章，有时候，还会学着先生的语气和动作，摇头晃脑地背诵起来。他读书勤奋，听课认真，很快就在村塾里脱颖而出，成为品学兼优的学生。王先生更加喜欢他了，常常以他为例子教导其他的学生，督促大家努力学习。

孙文在村塾里不但学会了很多诗文篇章，还学会了简单的对诗，更写得一手工整的毛笔字。他不但得到王先生的赏识，也获得了同学们的认可。这段时间，他的好朋友陆皓东、杨帝贺也陆续到村塾里求学，儿时的伙伴在一起，求学的时光变得更加快乐有趣。

读书不能读死书

一个夏日的中午，学生们吃过午饭来到村塾，只见王先生正躺在屋外大树下睡得香甜。于是，大伙儿商量出去玩一下再回来上学。

村塾出门不远处，就有一条河，孙文常常和小伙伴一起过来玩。今天天热，他们来到河边，马上脱了衣服跳进河里玩了起来。一会儿打水仗，一会儿泅水比赛，在水里凉爽又舒服，谁也不想出来。时间就这样不知不觉地流逝了，大家玩得正开心的时候，陆皓东突然大叫起来：“不好了，天快黑了，我们还没有去村塾呢！”

伙伴们一听，七手八脚地爬上岸，慌慌张张地穿好衣服，急急忙忙往村塾里跑。大家陆陆续续赶到村塾，只见王先生和冯氏族长都站在村塾门口，严厉地注视着他们。孩子们既心虚又害怕，一个一个地往后退。孙文见状，一步不退，反而迎上前去，主动向先生和族长承认错误。族长很意外地打量孙文，悄声问王先生："这是谁家的孩子，怎么胆子这么大？"当得知是孙达成的小儿子时，他很惊讶，没想到孙达成平日里老实巴交、少言寡语的，他儿子倒聪明伶俐、敢作敢当。

王先生狠狠地斥责孩子们："你们无故旷课，不敬师长，罚你们把昨天学过的文章背诵一百遍。"

孩子们一听，面面相觑，不敢开口应声。原来，昨天刚刚学过的是《大学》，篇幅很长，大多数学生还读不全，更何况背诵呢？

王先生把他们一个一个叫上前来背诵。孩子们一个个张口结舌，结结巴巴背不下去。王先生更加生气了，罚他们跪在孔圣人的塑像前，什么时候背出来，什么时候才能起来。

孩子们只得默默地走到孔圣人塑像前，跪在那里接受惩罚。罚跪、打手心是当时老师们常用的惩罚方式，孙文入学后，多次见先生用这种方式惩罚同学，但他还从来没有受到过体罚。他听同学说，每次罚跪后，腿疼膝软，好几天缓不过劲来，非常难受。这时，又有一个孩子被叫上去，只见他磕磕巴巴背诵了几句就接不下去了，吓得脸色发白。王先生心里气急，顺手抄起戒尺，朝着孩子的手心打下去。噼啪几下，那孩子手立马肿起来了，疼得他直缩脖子，却也不敢喊叫。

此时，孙文一动不动地站在门口，冷冷地注视这一切。王先生看了他几眼，心想，平时孙文非常勤奋，教过的文章都是当天就能背熟记牢，难道今天他也没有记住？也好，趁今天敲打他一下，免得他日后骄傲，目无尊长，不把老师放在眼里。想到这里，王先生咳嗽了几声，叫道："孙文，该你啦。"

孙文走了过来，表情严肃，他眼盯着孔圣人像，却闭口不语。

王先生等了一会儿，见孙文并未开口，便问："怎么？你也一句背不出来？哼，知道贪玩的结果了吧！再聪明的人，如果不勤奋用功，也学不好的。"他朝跪在孔圣人像努了努嘴，示意孙文也过去跪在那儿。

可是孙文没有挪动脚步，他恭恭敬敬地向先生行了一个礼，然后说："先生，不是我没有背熟《大学》，而是我有一事不明，我们整天背这些书，却不懂得书里面讲的是什么道理，背熟了这些书又有什么意思？"

进村塾读书一个月时，孙文就对这种成日里只要求反复背诵和抄写的学习方法产生疑问。他问过王先生，但先生觉得这只是他不想好好念书的借口。经过半年的思考，孙文再次对这种陈旧落后的教学方法提出自己的疑问，这一次，触动了王先生的权威，也触动旧体制的权威。王先生没有想到孙文还会发出这样的问话，他勃然大怒，拍着桌子说："我们读孔孟圣贤书，你敢说没有意思，这还得了？"

孙文的倔劲又上来了，他坚持说：“读死书就是没有意思。大家都不懂书中的内容和道理，只是死记硬背，背不出来还要挨打，这样有什么意思?!”

王先生和一旁的冯氏族长都惊呆了，他们不约而同地跳了起来，一个冲着孙文吼道：“你这个孩子吃了豹子胆了，对圣贤经训，竟敢如此地大不敬!”一个指着孙文说道：“你小子，不但不尊重师长，还侮辱圣贤，简直就是无法无天。”王先生说着扬起戒尺：“伸出手来，今天我要好好地教训你。看你以后还敢不敢再不听老师的话?”

其他孩子都吓坏了，跪在地上蜷起身子，似乎要挨打的是他们。孙文毫不畏惧，理直气壮地大声说：“大学之道，在明明德，在亲民，在止于至善……这些我都能背出来，但是不懂什么意思、什么道理。不懂的东西为什么不能问呢?先生为什么不告诉我们呢?”

一旁的陆皓东也小声嘟囔：“孙文说得一点没有错，不给解释，我们怎么懂?不懂怎么记得住?”

王先生一下子被问话噎得说不出话来，他知道孙文不会轻易屈服的。于是，他顺了顺气，握着手里的戒尺，一字一句对孙文说：“你知道‘吃得苦中苦，方为人上人’这句话吗?自古以来，哪个书生不是十年寒窗，才学富五车，考取功名的?这书上讲的都是圣贤大道理，你才读了半年书，不懂得其中的道理是正常的，等你长大了，书读得多了，自然就会明白书里的意思的。”

冯氏族长听了点点头，觉得王先生说得非常有道理。

可孙文听了，仍旧不服气，争辩道："我们读书，就是向先生求教书中的道理。整日里死记烂背，脑子里依然很糊涂，应该让大家知道书中的意思，这样大家才会学得快，记得牢。"

看他不屈不挠的气势，王先生一时没有更好的办法说服他。族长看师生两人僵持不下，便开口说道："今天天色已晚，先让孩子们回去吧，再晚回去，他们父母都要找孩子了。其他事明天再说。"

王先生只得赶紧让孩子们起来，并叮嘱他们晚上回家继续背书，然后才叹着气独自回到村塾教室里。

孩子们上前围住孙文，敬佩地说："孙文，你胆子真大，敢和先生叫板，不怕挨打受罚吗?"

孙文想了想，认真地回答道："我一直奇怪我们为什么要读读不懂的书呢？读这些书有什么意思呢？学问不就是不懂得要问吗？为了弄清楚这些问题，就算挨打也是值得的。"

这件事过后，王先生虽然生了一段时间的气，但他也明白孙文勤于思考、勇于追问的性格，便对孙文更加关注，也更用心教导他。遗憾的是，到了第二年，这位王先生就离世了。

反对缠足旧习俗

孙达成夫妇一心供小儿子读书，希望他将来有出息，能够出人头地，因此尽量减少安排他劳作，故而打柴、捞塘飘的工作都落在了大女儿妙茜身上。妙茜对此毫无怨言，心甘情愿地支持弟弟读书。每天清晨，妙茜早早出门，顶着风吹日晒，忙碌一天，很晚才能回家。看到姐姐这么辛苦，孙文也十分心疼。每天早晨，他也早早起床，帮着姐姐去田里劳作一会儿，然后才急急忙忙赶去村塾；下午放学后，其他伙伴都在村头玩耍，他就跑到山上田间，继续陪姐姐干一会儿活。妙茜看弟弟这么懂事，既高兴又心疼，对孙文说："阿弟，你不用帮我干活，只要你好好读书，有本事了，将来做大官，赚大钱，我们家就能过上好日子，阿爸阿妈也不用这么辛苦啦。"

孙文摇着头说："家姐，我不想以后当大官，挣大钱，我想其他和我们一样穷苦的人也能过上好日子。"

妙茜知道弟弟孙文的脑子里经常有稀奇古怪的想法，还有很多不知从哪里听来的关于古往今来名人侠士的故事。每次给小伙伴们讲起这些故事，他都眉飞色舞，讲到兴奋处，还手舞足蹈地比画。孙文还经常会问一些旁人没有思考过的问题，做一些普通人不敢做的事情。虽然孙文每天都要帮家里做不少农活，但他一直是村塾里学习最好的学生。妙茜并没有觉得自己的弟弟有什么不一样，只是为他的聪慧和特别感到骄傲。她听了弟弟的话，笑着说："阿弟，我们哪里有本事管其他穷苦人的事情，还是先管好自己吧。"

孙文不服气地说："要是每个人只想着自己，不管别人，那些穷苦的人永远也无法过上好日子。"

妙茜看着弟弟一脸认真的样子，知道他的倔脾气又上来了。她爱怜地摸了摸弟弟的头，笑笑没有说话，弯身背起背篓，带着弟弟回家了。

姐弟俩快到家门口时，远远地看见母亲杨氏站在那里，领着妹妹秋绮，正焦急地朝着这边张望。杨氏看到妙茜姐弟俩，大声喊道："阿文啊，快点过来，这里有封信，你赶紧给你外公送去。"

为了省钱，舅舅杨文纳的信每次都和大哥孙眉的一起寄来，然后让孙达成他们转交给他家人。孙文看着舅舅的信，问："我大哥的信呢？大哥还好吗？"

杨氏说："你阿爸正看着呢。你阿公最近要出海，我担心信送晚了，他就走了，趁天还没有太黑，你赶紧给他送过去。"

孙文拿过信，掉头就走。妙茜在后面叫道："阿弟，天黑了，我和你一起去。"

孙文还没来得及回姐姐的话，杨氏就对女儿说道："你一个女孩子家家，还缠着小脚，哪能赶什么路，跟着去不是耽误事吗？"

妙茜看着自己的脚——弓起的脚背，尖尖的脚尖。她劳累了一天都快站不住了，要是再走上十几里的夜路，恐怕都走不回来。她无奈地叹了一口气，伤心地说："要是没有缠足就好了，每天可以多干不少活，多走不少路。"

孙文看了看姐姐的脚，来不及多想，告别母亲就匆匆出发了。一路上天色由暗转黑，朦胧的月色下，只有急急赶路的小孙文。他半天看不到一个人影，越走越着急，越走越害怕心，最后干脆跑起来，跑得满头大汗、气喘吁吁，却不敢停下来休息，一口气跑到外公家。

孙文替外公外婆将舅舅的信一字不差地读完，圆满完成了任务，就准备告辞回家。

"天太晚，明天早上走吧。"外公不放心地说道。

"明早还要上学呢，不能耽误功课的。"孙文说。

"明天我早点喊你，保证耽误不了上学。"外婆见状也劝孙文住下。

孙文便在外公家住下了。这天夜里，突然刮起大风。海边风势迅猛，呼啸声十分吓人，孙文躺在竹板床上，好不容易才迷迷糊糊睡着。第二天一大早，他就赶紧起身出门。外公外婆拉住他："风太大了，你一个人太危险了，还是明天再回去吧。"

孙文摇摇头说："不行，不能耽误上学。再说，我不回去，阿妈也要担心的。"说完，顶着大风就往家里赶。

孙文终于赶回翠亨村，回到家来不及休息，就背起书包，揣上饭桌上的小白薯，出门上学去了。杨氏看着满脸倦容的小儿子，心疼不已。姐姐妙茜在一旁，叹了一口气说："唉，我要是没有缠足就好了，这样我就可以替弟弟去送信。"

杨氏苦笑了一下，看着自己和女儿的小脚，也叹了一口气，说："唉，哪有女儿家不缠足的？这是老祖宗传下来的规矩，过几年你就该找婆家了，不缠足，谁会要你？"

缠足是中国古老的陋习，据说这个风俗起始于北宋后期，兴于南宋，到了明清时期，缠足之风更盛，出现了"三寸金莲"之说，这一陋习蔓延至社会各阶层，女子不论贫富贵贱，都纷纷缠足。

那时，一般女性从四五岁起便开始缠足。用布把女孩的脚包起，使脚掌不能长大，随着年龄增长，包脚的布越来越紧，直到女孩成年，骨骼定型后方将布带解开，也有终身缠裹的。被长期包缠过的脚，脚掌变成三角形，所以缠足的女性走路很困难，极大限制了她们的活动，符合古代封建社会用于约束女性的“三从四德”的礼教。在当时，作为一个女子，是否缠足，缠得如何，将会直接影响到她的婚姻大事。俗话说，“小脚一双，眼泪一缸”。可见，缠足对当时的女性带来了难以想象的苦楚。

妙茜当然知道母亲话中的意思，脸微微红了，低下头不再说话。

杨氏接着说：“你妹妹快五岁了，该给她缠足了。”

妙茜一听，不禁眉头紧皱，眼前浮现当年自己缠足的痛苦情形，那种锥心的疼痛记忆犹新。现在要给小妹妹缠足，她心生不忍，哀求母亲：“秋绮还小，再等等吧。”

杨氏摇摇头：“不行，脚越小越好，应该趁小早点缠。”

妙茜只好转身背起箩筐出门干活了。她走在上山的路上，心里沉甸甸的，周围也似乎变得灰暗阴沉，感觉让人喘不过气来。她一边走一边忍不住流下眼泪。

果真，到了晚上，杨氏开始给小女儿秋绮缠足。秋绮不足五岁，是家里最小的孩子，平日里大家都宠爱她，她难免有些娇气。她还不知道缠足的痛苦，听母亲说要用长长的布条把自己的双脚裹起来，开始还觉得好玩。可是，等到双脚真正被包裹起来，她又害怕又疼痛，哇哇大哭起来。杨氏自然是心疼的，但在她眼里，这都是女孩子必须要经历的痛哭，于是她对秋绮又是安慰又是吓唬，强迫她接受这一切。

孙文正在外屋温书，听到妹妹的哭声，冲进来问：“阿妈，秋绮怎么了？”

秋绮指着自己不能动弹的双脚哭着说："阿哥，我的脚，我的脚……"

孙文看着妹妹被裹得紧紧的脚，问："秋绮的脚怎么了？为什么要包裹起来？"

姐姐妙茜在一旁低声说："没事，阿妈正在给她缠足呢。"

孙文恍然明白过来。在他幼小的记忆中，似乎村里所有的女子都是缠足的。一些和他年纪相仿的女孩子，也早早地缠了小脚，走路一扭一扭的，十分不方便。他看着妹妹痛苦的表情，不由说："为什么要缠足？我看缠足的女子走路都很困难，干活都不方便。"他又低头看了看自己和姐姐的脚，说："家姐，你看我俩的脚，我的越长越大，越站越牢，而你的还是那么小，走路都不稳，以后可怎么办啊？"

妙茜叹了一口气说："没办法，这是祖祖辈辈传下来的老规矩，女人不缠足就嫁不出去啊。"

孙文瞪大眼睛，大声地说："这是什么道理？出嫁与缠足有什么关系？缠足有什么好处？"

妙茜说："哪有什么好处？就是为了出嫁……"

孙文听了，更加不解。他对这陋习感到极其困惑，实在无法想明白这其中的道理。就在这时，秋绮的脚疼得越来越厉害，她哭得嗓子都哑了，但这丝毫不能减轻她的痛苦。

刚刚裹上裹脚布的女孩会因为疼痛一夜一夜地睡不着觉，到了白天，疼痛也不会缓解，只能这样熬着、忍着。两天下来，秋绮人瘦了一大圈，终日躺在床上哭哭啼啼，像一只任人宰割的小绵羊。孙文实在看不下去了，他跑去抱着母亲的腿说：“阿妈，你解开妹妹的裹脚布吧，不要再给她缠脚了，她太疼了。”

这个时候，杨氏倒显得异常平静：“不能放，女子都要缠足的，要是今天放了，明天还要重新缠，那更受罪。你姐姐也是这样过来的，现在不是不痛了吗？”

孙文说：“放开就不要缠了，像我这样，不是更好吗？跑得快，做得多，为什么非要缠足呢？”

杨氏有些不耐烦地对孙文说：“阿文啊，不是跟你说了吗，所有的女子都要缠足的。哪能像你一样？你是男子呀！不替你姐姐和妹妹缠足，她们长大后要怪我。祖辈们传下来的规矩，就好好遵守，哪里敢违抗？”

孙文听了，更加着急，反驳道：“可是这缠足毫无道理啊！毁坏双脚，还增加女子的痛苦，没有一点好处，这样不合理的规矩还要遵守，太迂腐了。不合理的事情，就应该反对，应该改变。”

杨氏向来疼爱小儿子，很少训斥他，可今天见他如此固执，感到非常生气，指着孙文骂道：“人人都说你倔得像石头，还真的是！你看看村里，谁家的女孩子不缠足?！秋绮都五岁了，不缠足长大了怎么办？你才几岁，懂得什么迂腐不迂腐？难道老祖宗定下来的规矩，还由得你说改就改？不要再说了，你一边去，这里没你什么事。”

孙文依旧倔强地站在母亲面前不肯离去，他坚信自己没有错，错的是缠足这件事。杨氏气恼地抓起墙角的扫把，扬起手，作势要打他。可孙文还是一动不动，勇敢地面对要砸下来的扫把。这时，妙茜从外面赶来，快步拦住母亲，劝阻道：“阿妈，弟弟不懂事，您别生气，他也是心疼妹妹。”

杨氏气得扔下扫把，扭身出了门。孙文和姐姐妙茜就这样站在屋子里，沉默不语。

孙文并没有让妹妹逃脱缠足的危害，他深刻意识到很多老规矩是不合理的。在妹妹缠足的痛苦日子里，他经常偷偷帮妹妹解开裹脚布，让她的脚稍稍放松，多少缓解一些疼痛。孙文目睹缠足带给女子的种种痛苦，再一次激发了他日后反对封建传统陋俗的斗志和决心。

第四章

思索法律求公平

村里平静的生活被凶残的水盗打破，孙文目睹村民遭受迫害却无处申冤，内心激起巨大的波澜，再一次对这不公平的世界发起追问：为什么有人可以为所欲为？什么才能保护我们百姓？小小年纪的他立志要同清政府反抗到底，早早就表现出机智勇敢、不畏强暴、心系百姓的品质。

水盗肆虐民遭殃

日子就这样平静地过着，孙文天天去村塾读书。这段日子，大哥孙眉不断地寄钱回来。他在檀香山开了一间杂货铺，生意不错，收入也增加了。听到这些好消息，孙家的孩子们都很开心。孙达成夫妇却显得心事重重，杨氏经常嘴里絮絮叨叨：“这些钱是你们大哥拼了性命挣来的，我们可不能乱用，要节省着花。”

算来孙眉离家已经五六年了，这些年来，孙文时常想念大哥，盼着大哥早日回家。每次大哥寄信回来，他都要反复读几遍。他还自己给大哥回信，向他汇报自己的学业。孙眉也不断地鼓励他，让他好好读书，长大了也来檀香山，帮着大哥做生意。孙文不知道做生意是什么意思，但想着有朝一日能出国去檀香山，心情就格外激动。

这天，孙眉又寄信回来，孙文迫不及待地看了一遍，接着大声地读给父母听。孙眉信中说自己一切都好，租了几千亩牧场，前景不错。原来，孙眉经过几年打拼，积攒了些本钱，不但开了店铺，还在檀香山第三大岛茂宜岛租了土地，成了当地有点名望的小资本家。

孙达成夫妇天天在土地里摸爬滚打地讨生活，听说儿子租了几千亩地，无不惊喜有加。他们高兴地说："老天爷开眼了，感谢老天爷。阿眉有出息了，几千亩地，这能种出多少粮食啊。"

孙文却不同意父母的说法："那是大哥自己努力得来的，关老天爷什么事？再说，大哥的地是牧场，不种粮食的。"

孙达成听了有些生气，说："小孩子家家不知道不要乱说，小心冲撞了神灵！有本事也像你大哥那样，置下家当，租几千亩地。"

孙文不再作声，默默地回屋。他脑子里想着店铺和牧场，对檀香山这陌生又遥远的地方充满了好奇，也对大哥独自努力奋斗的精神十分敬佩。

村塾的王先生过世后，孙文转入郑帝根私塾学习，12岁时又回到冯氏宗祠村塾，当时的教书先生叫谭植根。谭先生也是让大家背书写字，孙文早已腻烦了。

这一天，孙文和往常一样早早地出门上学，坐在教室里听谭先生摇头晃脑地带大家读书。突然，村塾外面传来一阵尖叫声，紧接着是碎石声，然后就听见几个村民在大声地喊："大家快逃，水盗进村了！"

最近，水盗猖獗，附近几个村庄都受到了水盗的侵扰，各村的损失都不小。翠亨村比较偏僻，人口少且土地贫瘠，倒是未曾受到水盗攻击。现在，听说水盗进村，一向以沉稳自居的谭先生也吓傻了，他慌忙扔下书本，跑进跑出，不知道该往哪里躲。孩子们看见先生慌成这样，就更害怕了。他们有的钻桌子底下，有的拼命地往外逃，想回家找父母，大多数孩子则抱着头挤在一起，吓得直发抖。村塾里乱成一锅粥，四处充斥着叫喊声、跑动声，还有东西打翻在地的碰撞声。

谭先生好歹回过神来，他颤巍巍地关上村塾笨重的大门，强作镇静地说："大家不要害怕，水盗只抢财物，不捉小孩子。快，都集中到我这里来。"

此时，整个翠亨村也陷入极度混乱之中。村民们四处逃散，有的跑进山里，有的跑到河边，有的躲进北帝庙的北极殿，还有的爬上树，藏在茂密的树叶里，各自逃生。

水盗们这时已经持刀拿枪地冲进村子里了，他们没有理会这些穷老百姓家，而是在一个精瘦的独眼人的带领下，直接向村塾附近的一栋花园洋房走去。这是村里一位刚从美国回来的老华侨的家，他早年在加利福尼亚采矿发了财，几年前回乡后，请人设计建造了这栋西式宅子，是翠亨村最豪华壮观的建筑物。水盗们直接扑向洋房，显然是有备而来的。

水盗们在洋房外大声叫嚣："快开门，识趣的饶你全家不死，否则一个也不留！"洋房墙门虽然很坚固，但水盗们用了很厉害的攻墙器，很快就把墙头砸出一个大洞。他们横冲直撞地进了房子，见人杀人，见狗杀狗，疯狂地抢劫值钱的物品。不一会儿，美丽精致的洋房被损毁得面目全非。

当时广东的水盗是非常凶残的，甚至比南美洲的水盗还要凶狠。官府以高价悬赏他们的人头，但即便如此，他们还是非常嚣张地到处行凶。

这些水盗只用了半个时辰就把洋房洗劫一空，带着金银财宝扬长而去。水盗行凶时，翠亨村的村民们都躲藏起来，无人敢靠近，但有一个十来岁的少年，不惧强暴和危险，冷冷地站在一旁目睹这一事件的整个经过。

这个少年就是孙文。

水盗进村后，先生和学生们都四处逃散，寻找藏匿的地方，只有孙文一人冷静地坐在村塾里，谁也没有注意他。后来，水盗们径直扑向老华侨的洋房，孙文不动声色地跟了过去，伏在不远处的墙角，悄悄地注视着水盗的一举一动。他曾跟着父亲去洋房里拜访过老华侨，听他讲述海外谋生的经历和国外的人文风情。他的故事让孙文对那陌生的异域他乡产生了更多好奇和向往。老华侨说过一句话，给了他极深刻的印象："洋人有法律，在那里生活很安全。"

孙文不知道法律是什么，忙问："阿伯，什么是法律？我们这里没有吗？"

老华侨看了看孙文，笑着说："我们也有，但不太一样。法律是保护人的。"

孙文更迷糊了："法律到底是什么呢？怎么保护人，是武器吗？"他的脑海里浮现出各种兵器，他觉得只有这些东西才能保护人。

老华侨读书不多，他仔细想了想，也没有办法解释清楚什么是法律，只好对孙文说："等你长大了，去了外面，有了见识，你就会知道什么是法律。"

孙文当即就说："要是那里的法律真的很好，我就要把它带到我们这里来。这样，我们也能过上安全生活了。"

现在，水盗们光天化日之下像群恶狼一样扑向洋房，老华侨一家面临危险。孙文看见水盗们抢夺财宝，毁坏物件，随意打杀。他小小的胸膛里燃烧着怒火，他突然想起老华侨说的"法律"。他心想，现在要是有"法律"就好了。就可以保护大家不受伤害了。

水盗们得意扬扬地扛着抢劫来的财物，哼着小曲儿，驾船离去了，只留下这座被蹂躏、洗劫一空的洋房。孙文站在那里，心里觉得悲凉。

过了一会儿，一个面如土色、破衣乱发的老人踉踉跄跄地冲出来，跪倒在院子里。他绝望地喊道："完了，一切都完了！我的家人，我的财产……老天啊！我为什么要回来？这里没有法律，又有什么可以保护我们老百姓啊……"

不多时，县城的清兵闻讯赶来了。但他们却不忙于追捕水盗，而是以抓犯人为名，挨家挨户地进门搜索，顺手拿走村民家中一些值钱的东西。最后，只能由村长出面，给了茶钱，好说歹说才把他们打发走。

目睹了这一切的孙文拖着沉重的脚步回到家里。杨氏忍不住狠狠地斥责他：“水盗进村时，你跑到哪里去了，这么危险，你让我们多么担心啊！”孙文没有理会母亲，木然地走到自己的房间里，静静沉思。

老华侨绝望的哭喊声在年少的孙文心里激起巨大的波澜，他陷入痛苦的沉思：为什么我们没有能保护我们的法律？为什么水盗们可以为所欲为？难道没有人管吗？这些思索是孙文对不公平的世界又一次的追问，也成为日后他推翻封建王朝、建立共和国家最初的思考和动力。

自称“洪秀全第二”

遭受浩劫后，老华侨不死心，调养了几天，一纸诉状告到衙门，请求官府追捕水盗，追回他的损失。可是，万万没有想到，官府不但不为他申冤，反而诬告他串通洋人，图谋不轨，派官兵把他抓了起来，同时霸占了洋房。

官兵围住洋房，村里的孩子们都前来看热闹，孙文也在其中。他一看，顿时呆住了，这支清兵带队的头领竟然就是那天带着水盗进村的独眼人！原来是官匪勾结，一起坑害百姓，真是天理不容啊！后来，翠亨村的人才得知，这个独眼人前段日子向老华侨索要过不少钱财，老华侨认为自己守皇法，就没有理会独眼人的无理要求，独眼人恼羞成怒，就联合水盗，硬生生给老华侨带来这一巨大灾难。面对官匪勾结，老百姓们敢怒不敢言，没有人敢站出来为老华侨说话。

衙

遇到人间不平事时，年少的孙文却能显示出正义和勇敢的本性。一天，他一个人离开村塾，跑去清兵强占的洋房。守门的清兵拦住他，孙文故意大声地叫嚷："你们抓走了老华侨，抢走他的房子，他究竟犯了什么罪？你们凭什么抓他？"官兵们没有想到一个毛孩子敢在他们面前说出这样的话，一个个又心虚又懊恼。他们有的上前挥舞着兵器吓唬他，也有的跑过来想抓住他。孙文猛一闪身躲开，一溜烟地跑开了。

孙文跑去这样一闹，虽然没有帮老华侨要回房子，但是清兵们毕竟心虚，不敢再占着洋房，很快就撤离了翠亨村。村里的百姓都很开心，特别是冯阿公，他冲着孙文说："石头仔，你立了大功。要是清兵不走，我这把老骨头恐怕就要毁在他们手里了。"

孙文也开心地说："阿公，我要感谢您啊！要不是您跟我讲洪秀全的故事，我还不知道怎么和清兵斗争呢。"

在孙文出生前两年，1864年，太平天国都城天京沦陷，此后，太平天国余部虽广泛活动于全国各地，但都遭遇到清政府不同程度的镇压。到孙文渐渐长大时，太平天国运动已经成为老百姓生活中一件深入人心的事件，流传深远，影响很大。

在翠亨村，有一位参加过太平天国的老人，他就是冯爽观，村里人称他为"冯阿公"。冯阿公念念不忘十年前太平天国运动的豪情壮举，内心深处依然对那场旨在推翻清朝封建统治、寻求人间公平的运动充满着怀念。每天早晚，他都会坐在村前的大榕树下，凝思着，思绪似乎还停留在那一场场激烈的战争中。

大榕树下是全村人最喜欢待的地方，更是孩子们聚集游戏的场所，他们看着冯阿公出神的样子，就会凑上前与他嬉闹。冯阿公对孩子们非常有耐心，他让孩子们聚拢来，为他们讲述“天兵杀清妖”的故事，还有太平天国的领袖洪秀全、杨秀清的故事。

冯阿公很会讲故事，他把太平天国将士和清军作战的战斗场面描述得活灵活现，关键时刻，还不忘卖卖关子，制造悬念。孩子们都听得津津有味，他们时而紧张得握紧小拳头，时而又开心得哈哈大笑。冯阿公的故事就这样伴着翠亨村的孩子们一天天长大。

一天，孙文和陆皓东、大秀几个人又在榕树下捉迷藏，这时，看见冯阿公拎着小板凳走过来。孙文立刻停下游戏，说：“我们不要捉迷藏了，去听冯阿公讲太平天国的故事。”

大秀说：“都听过好几次了，还是玩我们自己的游戏吧。”

孙文认真地说：“太平天国的战士英勇善战，敢于斗争，我们应该向他们学习，这比玩游戏有意思多了。”

陆皓东也补充道：“对，昨天冯阿公讲到太平天国的将士们被清兵围困了，还不知道胜负呢。我们去请冯阿公继续讲。”

这些天来，冯阿公已经绘声绘色地给孩子们讲了太平军金田起义、洪秀全自称大王，以及将士们头扎红巾攻克武昌、打下九江等事件，还特意给他们讲了湖口的战役。因为那一战中，太平军打败了赫赫有名的清朝湘军主帅曾国藩。昨天，冯阿公讲到太平军一路高歌向天京挺进的过程，今天继续讲。孙文和小伙伴们围在冯阿公身边，聚精会神地听着，间或发出惊呼和赞叹声，也时不时提出许多问题。当他们听到太平军攻陷南京，建立天朝，诸王纷争，互相残杀时，一个个流露出失望的神色。唯独孙文很镇定，问道："太平军只用两年的时间就从光熙打到了南京，改金陵为"天京"，说明那时他们很团结，战斗力很强。如果这个时候自己人打自己人，那以后怎么与清兵斗争啊？"

冯阿公摸了摸孙文的脑袋，深深地叹了一口气，说："石头仔，你想得很长远。唉，当时翼王石达开带着一支兵马走了，天王洪秀全就启用了年轻的陈玉成、李秀成等一批英雄，才使天国又振奋了几年。可是，终究还是没有办法抵抗清廷，最后还是失败了。"

孙文听后，自言自语地说："要是洪秀全打败了清军，灭了清廷就好。"

冯阿公不由地说："清廷勾结洋人攻入天京，将士们拼死抵抗，但势力太单薄，兵马又少，死的死，伤的伤……"他脑海里又浮现出天京沦陷的悲惨画面，一时间痛心疾首，老泪纵横，无法再讲下去。

孙文激愤地握紧拳头，在他心里，勇于斗争的种子已经深深地种下了，年少的他表现出对那些奋起抗争的人极高的崇敬之情，用他们的事迹不断激励自己与压迫和剥削做斗争。

尽管孙文已经听了很多遍太平天国的故事，可还总是缠着冯阿公，恳求他多讲一些：讲起义之初的壮观场面，讲每次战斗的英雄人物，讲打败清军时欢庆的场面……每次听完这些故事，他的心久久不能平静，脑中也盘桓着诸多思考。

孙达成见儿子沉迷于此，也训斥过他："你不好好读书，整天关心这些'长毛鬼'干什么?"

清军入关后，老百姓不得不接受了他们的习俗，剃发易服。太平军起义后，剪去发辫，以示反抗清朝的统治。他们披头散发，清廷便污蔑他们为"长毛鬼"，胆小怕事的百姓也多以此称呼太平军。

孙文听了，反驳父亲说："他们是太平军，都是勇敢的将士，不是'长毛鬼'。"

孙达成很是生气："我不管他们叫什么，反正都是一些不要命的人。我们老百姓老老实实种田过日子，不要去管那些打打杀杀的事情。"

孙文据理力争："官府欺压百姓，我们种田吃不饱饭，就应该反抗，争取公平，怎么能不关心呢?"

孙达成没好气地说："你只管好好读书，大家吃不吃得饱饭不用你操心。"

“我是要好好读书，可我也喜欢听太平天国的故事。我觉得太平天国的将士们都很勇敢，都很了不起。”

“你你你，叫你不要关心那些事，怎么不听话！”

见父子俩吵了起来，杨氏赶紧过来劝着丈夫道：“哎呀，小孩子爱听故事，这是正常的事嘛。现在太平天国也已经没了，你随他去，他还能成得了洪秀全啊？”

孙文并不在意父母怎么看待太平军，他一如既往地沉迷在故事里。他不但听太平天国的故事，还喜欢和伙伴们玩太平天国的游戏。游戏其实很简单，就是打仗游戏，孩子们有的扮演太平军，有的扮演清军，而孙文则总是扮演“洪秀全”。“洪秀全”指挥“太平军”把“清兵”杀得连连败退，每每大获全胜。

这天，孩子们又在大榕树下交战。孙文率领着“太平军”冲杀过来，向着埋伏在不远处的“清兵”扑过去。“清兵”已经设下埋伏圈，眼看“太平军”就要进来了。这时，只见孙文一摆手，招呼“太平军”停下来，他大声地说：“将士们，你们看，前面就是清兵的包围圈，我们冲进去，可能会遭受一场恶战；我们不冲进去，敌人很快就会用洋炮攻打我们的天京。你们说，我们是冲进去决一死战，还是等着挨打？”

“太平军”士气高昂，齐声欢呼：“冲进去！冲进去！打败清兵！”

看到大家斗志昂扬，孙文挥舞着长棍，高呼：“冲啊！”

“天平军”如下山猛虎，不顾危险冲进包围圈，他们气势如潮，震慑了对方。“清兵”匆忙应战，自是敌不过“太平军”，节节败退。孙文命人押着俘虏，大声宣判：“你们清人入侵中原，欺压百姓，罪不可容。来人，推出去斩了！”

一直在远处观看的冯阿公不停地点头，对孙文指挥自如的大将风度十分欣赏，他走向前说：“石头仔，你可真像当年太平军里的大将军。”

“太平军”们听到了，兴奋地围着孙文喊：“大将军！大将军！”

孙文突然想起什么，问冯阿公：“阿公，洪秀全死后，难道就没有人再起来反抗清廷了吗？”

冯阿公叹气说：“这就要看有没有人敢做‘洪秀全第二’啦。”

孙文听了这话，内心猛地一动。他挥舞了一下手中的长棍，坚定地说出让在场的人又惊又怕的话：“我要做‘洪秀全第二’。”

大秀听了，高兴地说：“孙文要做‘洪秀全第二’，要当天王了，做皇帝，我们都会当大官的。”

孙文听了，摇摇头，义正词严地说：“我不当皇帝，我要当‘洪秀全’，打倒皇帝，不让他再欺压我们。你们也不要当欺负百姓的大官，你们是和官府斗争的将士。”那颗反抗封建旧制度、为人民谋求公平和正义的种子此刻已经在孙文心里萌芽了。

冯阿公点头说："孙文说得对！孩子们，以后孙文就是你们的'洪秀全'。"

孩子们聚拢起来，兴奋地围着孙文大声地欢呼："洪秀全！洪秀全！"

从此，孙文就以"洪秀全第二"自诩，伙伴们也叫他"洪秀全"，反倒不怎么喊他的学名了。

有一天，他们在村里玩耍，一直到天黑都没有回家。杨帝贺的母亲出来找儿子，天黑看不清楚，就听见山坡上，这里传来一声"洪秀全"，那边传来一声"洪秀全"，她不由惊奇地想，怎么这里又出现了"洪秀全"？吓得她赶紧回家喊丈夫，还叫上其他几个村民一起去看看到底怎么回事。他们一行人爬上山坡，仔细听了半天，发现只是几个孩子们在玩。杨帝贺的父亲就点起马灯问："帝贺，你们在干什么？怎么还不回家？"

杨帝贺听出是父亲的声音，回答道："我们和'洪秀全'在玩呢，一会儿就回去。"

杨帝贺的父亲和村民们听了大吃一惊，他们蹲下来七嘴八舌商量：

"还真有洪秀全，这是怎么一回事？要不要报官府？"

"不能报官府，我听冯阿公说，太平军疾恶如仇，要是我们报官了，他们怕是会来报复我们的。"

"那可怎么办？孩子们在他们手里，不知道会不会有危险？"

就在他们愁眉不展之际，杨帝贺和孙文几个人蹦蹦跳跳地跑过来，嘴里高兴地叫着："回家了，去吃饭了。"

杨帝贺的父亲慌忙起身揽过儿子，问道："洪秀全有没有伤害你们?"

"他伤害我们干吗？我们是一伙的，他是我们的大将军。"杨帝贺满不在乎地回答。

几个大人面面相觑："那洪秀全呢，他还在山里吗?"

杨帝贺听了哈哈大笑，指着孙文说："他不是跟我们一块回来了嘛!"

"啊?"几个大人看着孙文，惊讶地长大了嘴巴，原来这孙文就是孩子们嘴里的"洪秀全"。

杨帝贺的父亲生气地责怪儿子："石头仔有名字，为什么要叫他洪秀全？我们还以为洪秀全没有死，真的躲在我们山里呢!"

孙文说："要是洪秀全没有死，躲在我们这儿就好了，可以带着我们继续反抗清廷。"

杨帝贺的父亲拉了一把孙文，说："真是初生牛犊不怕虎，你这个石头仔胆子真大，竟敢说反抗清廷，不怕官兵把你抓去?"

孙文拍着胸膛说："洪秀全不怕，我也不怕，我是'洪秀全第二'。"

大人们听了，又好笑又好气，只能摇摇头各自带着孩子们回村子了。

从此，孙文的新名号“洪秀全第二”在翠亨村传开了。每到傍晚，村里哪家的孩子如果还没有回家，那他十有八九是跟着“洪秀全第二”在玩打战的游戏。大家都知道孙文读书好，懂事有分寸，再加上他从小正义勇敢，大人们都放心孩子跟着他玩。

“洪秀全第二”也传到了孙达成的耳朵里，没想到他是又气又急，坚决反对大家这么叫孙文。他生气地斥责儿子：“你知不知道洪秀全是干什么的？你不老老实实读书，净给家里招惹是非。你知不知道，这是要给家里惹麻烦的！”

孙文不服气地说：“我哪里给家里招惹是非了？我知道洪秀全，他带领太平军反抗清廷，给百姓分土地，让大家过上好日子。这有什么不对？”

孙达成骂道：“你个混账东西，洪秀全那是造反，是要被灭九族的。现在官府还在捉拿‘长毛鬼’余孽呢，你要再敢说自己是‘洪秀全第二’，我看官府就要来把你捉走。”他畏惧官府的势力，又担心儿子的安危，所以想吓唬吓唬孙文。

孙文人小胆大，他对父亲的担忧和恐吓不以为意。他从小有想改变不公平社会制度的强烈欲望，所以特别崇拜历史故事中英雄人物和事迹。当然，小小年纪的他还无法看清太平军起义的缺陷和错误；他只是佩服他们敢于反抗、敢于同不公平和压迫作斗争的勇气。

勤习武智斗恶人

父亲的斥责并没有改变孙文和孩子们对那些英雄人物的崇拜。他们还打听到，在离村子不远的石门坑有人办武馆，对外招生教授武术。得此消息，大家都很激动。是啊，谁又不想自己能身怀绝技，将来凭拳脚干出一番事业呢！

有一天，村塾的先生外出访友，学生们早早放了学。孙文和陆皓东背着书包往家走，路过冯阿公家，发现大门紧锁。两人对视了一眼，异口同声地说：“阿公不在家，会不会去武馆了？”于是，他们立刻决定到武馆去看看。他们来不及回家放书包，又叫上了大秀和杨帝贺，四人直接往石门坑跑去。

从翠亨村去石门坑需要翻过一座小山，一路上，山川秀美，景色宜人，他们跑得满身大汗，到了山顶，微风吹来，特别舒服。孙文眺望着山下的村庄，对伙伴们说道：“我们一定要学好武功，有本事了也像太平军一样，反抗清廷。”

伙伴们纷纷点头：“对，我们要学好武功，有了功夫，就不怕清兵和洋鬼子了。”

他们继续往山下走去，来到一处低洼的山坳，这里树木丛生，枝繁叶茂，挡住了他们的去路。大秀气喘吁吁地问：“我们是不是走错了路，怎么这么难走？”孙文看了看四周，也觉得不太对劲。他指着不远处的一棵大树说：“走，我们爬上那棵大树看看，是不是方向错了。”

四个孩子手脚利落地爬上了树，放眼四望，就见夕阳夕照，满山树木郁郁葱葱，景色非常壮观。突然，陆皓东指着南边说：“快看，那边树后有人！”

孩子们齐刷刷转过脑袋，朝着陆皓东指的方向望去。果然，南边有处低矮的灌木丛，中间有块空地，几个人正站在那里舞刀弄枪，好像正在习武。大秀高兴地说：“那里就是石门坑吧？我们找到地方了。”

孙文想了想，满腹疑惑地说：“听说石门坑是武馆，这块空地也能叫武馆？我们还是不要鲁莽，悄悄过去探个究竟。”

孩子们都知道孙文心思缜密，便听从了他的建议，悄悄滑下大树，屏声静气地向南边的灌木丛移动。终于慢慢靠近那伙人了，大家猫着腰，躲在草丛树后伸长脖子观望。凝神一看，他们都大吃一惊：这是冯阿公啊！

只见冯阿公像换了一个人似的，精神饱满，神情严肃，一改他平日里的慈祥模样。他坐在一块大石头上，其他人都围站在他周围。他们说了一会儿话，冯阿公站起身来，端着水碗，把手放进碗里蘸了蘸，然后往每个人头上洒了一点。接着，有人点起篝火，那伙人围拢在火边，表情庄严。他们把一面绣着“清”字的龙旗投入火中，火光烈烈，映照着那伙人越来越激愤的神情。这时，有人展开一面长长的旗帜，上面写着：天父天兄天王太平天国。他们对着旗帜，齐声低呼：“齐心协力灭清兵，还我中华好河山……”

躲在灌木丛里的孩子们都看呆了，孙文目不转睛地盯着那伙人，心里激动地想：这就是太平军吗？冯阿公到底是什么人？他是不是太平军里面的大将军？旁边的大秀悄悄扯着他胳膊问：“这是怎么回事？冯阿公他们要做什么？是不是要打仗？”孙文低声地说：“这应该就是太平军，他们可能又要反抗清廷了。”大秀紧张极了，声音都发颤了：“真的吗？那太可怕了！我们赶紧偷偷地走吧。”他边说边往后退，不小心踢到身边一块石头，石头顺着山坡滚了下去，发出的声响惊动了冯阿公他们。几个身手矫健的壮年男子马上飞身跳过来，大声喝道：“谁？是谁躲在那儿？”

孙文站起身来，大声地回道：“阿公，是我们，我是孙文。”

这时，冯阿公正和其他人忙着收拾布旗、篝火和各种兵器，听到孙文的声音，转身就跑过来，步伐矫健。他指着孙文对那些人说："这就是我跟你们说过的'洪天王第二'，他特别崇拜洪天王，喜欢太平军的故事。"

那些汉子们听了，打量着这个身材敦实，气宇昂扬，目光里透出机智和勇敢的孩子，高兴地说："果真不错，像个小英雄。"

就这样，孙文和小伙伴们受邀来到了空地上，他们悄悄问冯阿公："阿公，他们是谁？这里就是石门坑武馆吗？我们也想学武功。"冯阿公笑嘻嘻地说："他们有的是我年轻时结交的老朋友，有的是新朋友，我们在石门坑办了个武馆谋生。你们想学武功可以，不过练武很辛苦的，你们受得了吗？"

原来，他们都是参加过太平军的战士，都非常痛恨清王朝的统治。近些日子，他们以开办武馆的名义，重新点燃起反清的火焰。他们不敢在武馆里聚会，便在山坳里开辟了这块场所，刚刚他们在这里举行了洒水洗礼、焚烧龙旗、布旗下宣誓等仪式。

孙文和伙伴们听说可以学武，当即齐声说："我们不怕苦，不怕累，我们要学武功，将来和清廷做斗争。"冯阿公等人听了也很高兴。

从此，孙文和伙伴们在读书、劳作之余，常常结伴来石门坑学习武功，增长见识。孙文的勤奋聪明不仅表现在读书上，在习武上，他的进步也很快。在石门坑学习没多久，他就掌握了基本招式，练起来虎虎生风，颇有气势。

一天晚上，孙文和陆皓东等人在村前的河边比画拳脚，想起了那天冯阿公他们做的一系列仪式，都很想试试。于是，孙文指挥他们站好队，用一片大树叶卷起来当碗，舀起水一个个洒在他们头上。洒完水，他又用小木棍在大树叶上刻画出了一个“清”字，对小伙伴们说：“这是清廷的龙旗，我们放火把它烧了。”

陆皓东假装生起篝火，其他人上来把树叶旗扔过去。接着，就听陆皓东嘴里喊着：“烧了，烧了，清廷大旗烧成灰了。”他边说边将树叶旗扔进河里，树叶顺水而去。

大伙儿立刻欢呼起来，高声叫着：“清廷灭了，清廷灭了。”

他们玩得正开心，就听身后传来一声怒吼：“小小年纪什么不好玩，竟玩这种游戏？小心官兵把你们抓去！”

孩子们慌忙回头，竟然是冯阿公！大家不解地围过去，七嘴八舌地问：“阿公，为什么不让我们玩？”

冯阿公先是满面怒色，继而忧心忡忡，最后拉着他们走出好远才语重心长地说：“你们一定要记住，刚才说过的话千万不要在别人面前说起，也不要再做那些仪式，懂吗？这样太危险了，弄不好会惊动官府！记住了吗？”

孙文带头说：“记住了，阿公，我们以后一定注意。”

冯阿公摸着孙文的脑袋说；“你们明白就好。你们还小，以后的路长着呢。以后处处都要小心留意。”他深知其中利害，担心孩子们泄露信息，影响大事。

几天后，孙文又和陆皓东去石门坑。天快黑了，他们走得很急，走着走着，孙文突然停下，悄悄对陆皓东说：“我发现身后好像有人跟踪。”

陆皓东一下子紧张起来，皱着眉头说：“这可怎么办？就我们俩，能应付得来吗？”

孙文镇定地说：“我现在装作去树后方便，你就站在树旁等着，看看身后是什么人。”

他们依计行事，发现身后跟踪的竟然是几个清兵，他们手里拿着刀握着棍，全副武装。孙文和陆皓东又惊又怕，他们暗暗商量道：“清兵怎么会跟踪我们呢？他们要干什么？”想到这里，孙文紧张地说：“不好，清兵一定是去抓捕冯阿公他们的，冯阿公他们今天要在空地上聚会，要是被清兵发现了，可就全暴露了！皓东，你慢慢拖住他们，我抄近路先去报信。”

陆皓东勇敢地答应下来，大家兵分两路。陆皓东慢悠悠地走在大路上，边走边玩，一会儿抓抓草丛里的小虫子，一会儿掏出弹弓打飞鸟；孙文则悄悄穿越树林，爬上小山，不顾山路坎坷、荆棘丛生，抄近路急匆匆赶到空地。此时，冯阿公等人已经来到了空地，正准备举行仪式呢。孙文上气不接下气地冲过去说：“阿公，快撤，清兵来了。”

冯阿公他们一听，不及细想，匆忙收拾东西带着孙文离去。等到清兵跟随陆皓东慢吞吞赶到空地时，早已人去地空，他们什么也没有发现。

清兵扑了一个空，恼羞成怒，便开始打石门坑武馆的主意。冯阿公他们知道此事有所暴露，就放弃了武馆，各自散去。冯阿公年纪最大，依旧留在翠亨村，他不忘孙文等人的救命之恩，专门登门感谢。孙达成听说了此事，没想到儿子如此有胆识、有计谋，救了这么多人，心里很激动，又想到之前对儿子的不理解与责怪，又心怀愧疚。

可孙文不仅仅是只想着救几个人，他决心要做的是反抗不公，救更多的人。这件事情过后，孙文的生活暂时恢复了原来的样子，他依然天天读书，日日劳作，也不忘和伙伴们勤奋习武。

有了功夫底子，孙文遇事越发沉着机智了。有一天大早，他要赶路去十多里外的三乡镇亲戚家送东西。走进一个偏僻的山坳里时，一个形迹可疑的陌生人上前来和孙文打招呼："后生仔，你到哪里去呀?"

"我去三乡镇。"孙文边说边警惕地打量这个陌生人。

"哎呀，太好了，我们同路啊。"陌生人眼珠子一转，满脸堆笑地说道。

孙文没有作声，只是继续往前走。他想起村里人说过，这一带行人稀少，常有人贩子出没。眼前这个陌生人神情猥琐，很值得怀疑。

不一会儿，他们接近了一个叫"河头浦"的村口，孙文灵机一动，对陌生人说："叔叔，我进村给人送个东西，你在这儿等我一下好吗?"

“行行行，”陌生人有点不耐烦，“你快去快回！”

孙文疾步往村里走去，不一会儿，领着几个人出来。陌生人见状转身要跑，孙文一个箭步上前将他拦下，其他几人也赶快过来围住他。经过一番盘问，那人果然是个可恨的人贩子！孙文智擒人贩子的事迹很快就在附近几个村子里传开了，有人问他：“跟人贩子周旋，你不怕吗？他要打你怎么办？”

“我不怕。”孙文一脸正气地说，“我练过武，有功夫，才不怕这些恶人呢！”大家无不夸他机智、勇敢。

不畏强暴劝戒赌

孙文的好朋友杨帝贺有一个比他大许多的哥哥，名叫杨帝祝。他很懒，不喜劳作，只嗜好赌博。翠亨村有个小赌场，他一天到晚泡在里面，很少回家。杨帝贺多次和孙文他们提起哥哥的事情，经常担心地说：“我阿爸阿妈害怕我大哥有一天赌急了，把我家的房子也赌掉。”

孙文听了也很着急，说：“你们要好好劝劝你大哥，不要继续赌了。这样赌下去，迟早有一天你们要跟着倒霉的。”

杨帝贺无奈地说：“我们怎么可能不劝呢？劝了好多次，可每次他都不听，有时还要打我，嫌我话多。唉，我现在死心了，像他这样的人是不会变好的。”

孙文不同意他的说法，反驳道：“只要有决心，没有做不到的事。我们应该继续劝他，想办法帮他戒赌。”

杨帝贺知道孙文聪明，办法多，连忙说："你帮我劝劝我大哥，行吗？"

"好！"孙文痛快地答应下来。

过了几天，孙文要去金星湾帮外公取蚝。他很喜欢去外公家帮忙，能在碧波荡漾的大海上划着小船，十分畅快。就在他高高兴兴地赶路时，突然听到路边草丛里传来拳打脚踢的声音。他吓了一跳，忙躲到一棵树后观察：原来是有几个身强力壮的小伙子正围在一起揍一个年轻人。孙文看不下去了，心想，几个人打一个人，太不公平了，一定要想办法救人才行！于是，他从树上折下一根粗枝，劈下树叶，拿在手里冲出去大喊："住手！不许打人！"

那些人听到喊声，停下手脚回头一看，见是一个十来岁的小毛孩，不由一阵嬉笑。带头的人冲着孙文轻蔑地说："怎么，你想打抱不平？"

孙文怒目圆睁，大声说："你们欺负人，我就要管。"

带头的人冷笑一声，指着被打的人说："欺负人？告诉你，他欠了我们的钱不还，难道不应该挨打吗？"

孙文这才看清，挨打的人原来就是杨帝贺的哥哥杨帝祝。他马上明白过来，肯定是杨帝祝又去借钱赌博，输光了钱无法还，才会被人追着打。此时的杨帝祝已经被打得满头满脸的血，受伤不轻，根本无力反抗。孙文见状，又气又急，大声地质问杨帝祝："你又去赌钱了，赌输了钱被人打，对不对？"

带头的人见孙文认识杨帝祝，就阴阳怪气地说：“怎么样，我们打他没错吧？你是准备救他呢，还是替他还钱？”

孙文伸手摸遍浑身上下，把仅有的几文钱都掏出来扔给那伙人，并说道：“他赌钱不对，可你们打人更不对。我会劝他还你们的钱。”

带头的人掂着那几文钱，想了想，盯着孙文说：“你记着，今天爷给你面子，过几天我们还会找他要钱，到时他还不了，可就要找你要。”然后向手下招了招手，一起离去了。

杨帝祝见人都走了，拖着受伤的身子，准备回去。孙文看着他，心里又腾地升起一团怒火，大声地说：“你有没有想过，你一家人辛辛苦苦挣来的钱都被你赌掉了，他们怎么生活？你有没有考虑过家人？你这样做太不应该了！”他越说越气，越说越激动。

杨帝祝已经成年，一贯游手好闲，结交一些无赖朋友，也学过一小点拳脚功夫，平日里在村里横行霸道，无人敢惹。今天他竟被孙文这么一个毛头小子训斥，心里十分不悦，无奈身上有伤痛，只得默默受着。

孙文虽然痛恨杨帝祝的所作所为，但又不忍心看他这样满身是伤，便对他说：“你在这里等我，我去找人来扶你回去。”说完，转头跑回村子，到杨帝贺家里报信喊人。

杨帝贺的父母听说大儿子被人打伤了，连忙喊上亲朋好友去救人。等他们抬回杨帝祝，一再追问，才知道他跑到香山县城去赌博，输光了钱，还借了赌场的高利贷，还不起就被恶棍追到翠亨村村口揍了一顿。杨帝祝的父母真是又生气又心疼，一时说不出话来，急得直流泪。

孙文站在一旁，想起自己答应过杨帝贺要帮他哥哥戒赌。他便对杨帝祝说：“我们小孩子都知道赌博害人，你都这么大了，不但不帮家里做工，还要把家里的钱拿去赌，你这样做，和强盗有什么区别？我们都瞧不起你！你再不改掉这个坏毛病，我敢说，你们全家以后都会被你拖垮，大家都没有好日子过。”

孙文稚嫩却真诚的话多少让杨帝祝有所触动。他想到刚才孙文不顾自身安危把他救下来，再看看一旁苍老无助的父母，心里百味杂陈。最后，他低声嘟囔道：“我以后再也不赌了，不赌了。”

几天后，杨帝祝伤势好转，就盘算着怎么还钱，要知道这批恶棍是不会放过他的。他走到村子里看着进进出出劳作的村民，心里十分不快。在他看来，田间劳作太辛苦了，也不可能快速挣钱发财。

怎么才能挣到大钱还掉赌债呢？杨帝祝一心希望赚钱还赌债，他转来转去，不知不觉又来到村子里的小赌场。与他熟悉的几个赌徒见他过来，一下子都围拢上来说：“哎哟，你可回来了，我们还以为你听了那个石头仔的话，不敢再来赌钱了呢。敢不敢来几把，去去晦气？”

杨帝祝说：“我有什么不敢的？那个小毛孩算老几？那天要不是我阿爸阿妈在场，我早揍他了，叫他多管闲事！”

杨帝祝禁不住诱惑，将大家劝说抛诸脑后，满心欢喜地走进赌场，向赌场放贷的借了几文钱，又开始赌博了。一开始，他赢了几把，心想：只要再赢几把，就可以还赌债了。看他越玩越开心，有个赌友故意问他："我听说那天孙达成家的石头仔骂了你，是真的吗？他一个小屁孩，你怕他什么？"杨帝祝讪笑着说："哪有的事？他怎么敢骂我，不怕我扇他，别听别人乱说。"

就在杨帝祝玩得兴奋时，孙文和杨帝贺放学回家路过小赌场，只见不远处有人指指点点，议论纷纷。很明显，小赌场里肯定有人在赌钱，否则场外不会这般热闹。

杨帝贺心里咯噔一下，紧张地说："不会是我大哥又跑出来赌钱了吧？"

孙文心里也不安，说："我们进去看看吧。"说完，就向赌场走去。

杨帝贺一把拉住他，怯怯地说："那些赌徒都是坏人，万一打我们怎么办？我们还是不要进去了。"

孙文毫不犹豫地说："不用怕！俗话说，邪不压正。他们做错了事，我们是去规劝他们的，这有什么好害怕的？"说完，拉着杨帝贺的手走进赌场。

进去赌场后，他们一眼就看见坐在赌桌旁的杨帝祝。孙文顿时怒火中烧，走过去厉声说道："你怎么又来赌钱了，你不是答应过我们，再也不赌钱的吗？难道你忘记自己说过的话了吗？"

杨帝祝赌得正在兴头上，没想到孙文和他弟弟杨帝贺一起闯进来，还当众人的面训斥他，他又羞又恼，没好气地说："去去去，你们自己玩去，大人的事小孩别管。"

孙文拉着杨帝祝说："你说过不赌，今天又来赌，你说话不算话。你现在跟我们走，不要再赌了。"

杨帝祝念在孙文救过他，强忍着火说："我赢够了还债的钱就回去，你不要再多管闲事，你们两个快走吧。"

其他赌徒围在一旁看热闹，他们见杨帝祝对孙文如此客气，便故意挑事地说："杨帝祝，你还是跟他们走吧。你什么时候变得这么没有种？两个小毛孩都不敢惹，像个娘们似的。"

杨帝祝的脸一阵红一阵白，狠狠地瞪着弟弟和孙文，恨不得他们立刻在眼前消失。

杨帝贺知道孙文是个倔脾气，认定的事是不会轻易回头。他劝哥哥："大哥，我们一起回去吧，知道你又来赌钱，阿爸阿妈又该着急了。"

旁边的赌徒更加起哄了："谁家的阿弟敢骂大哥啊？没用的大哥还是跟着阿弟一起回家吧，当个乖儿子。"

杨帝祝恼羞成怒，冲着弟弟说："叫你们走就赶紧走，小心我揍你！"

孙文见状，知道劝说已经没用。他想了想，计上心来。只见他一下跳过去，抓住杨帝祝脑后的辫子，拽在手里大声说："这下你该跟我们走了吧！"

赌场里头有个不成文的习俗，谁被人家抓住辫子运气就会不好，会输钱。赌徒都很迷信，杨帝祝也不例外，他常警告弟弟不要轻易动自己的辫子，免得自己走霉运输钱。杨帝贺也把这件事告诉过孙文，孙文对这些迷信的说法和做法都很反感，当时还对杨帝贺说："这些都是骗人的，不可信！"

今天他多次劝说杨帝祝无效，猛然想起以其人之道还治其人之身的办法，心想，他不是怕输钱吗，那就抓住他的辫子，让他认为自己要走霉运了，定会输钱，自然就不赌了。

杨帝祝猛然被孙文抓住辫子，心里咯噔一下，叫道："你快放手，放手！我要走霉运了，要输钱的！你快放手！"他一边大叫，一边扭动身子，企图挣脱。

孙文松手，说道："你知道要输钱，那还不赶快走？"

那些赌徒从未见过这样的事情，都呆住了，直到孙文松开手，才哄堂大笑。爱挑事的人嘲笑杨帝祝说："今天算是大开眼界了，小孩子制服大人。杨帝祝，看样子你真应该金盆洗手，不要再进赌场了，你这辈子要走霉运的。"

在嘲讽和哄笑中，杨帝祝感觉自己颜面尽失，他腾地站起来，转身抬手猛推孙文，嘴里叫道："你给我滚出去！敢管我？你吃饱了撑着！"

孙文没料到杨帝祝会来这一手，脚底不稳，一下子被推到门边，跌倒在地，头撞在石墩上，竟晕了过去。

杨帝贺吓坏了，扑到孙文身边大叫："石头仔，你醒醒，你醒醒……孙文，你醒醒啊……"

孙文没有任何反应。杨帝贺站起身来，冲向杨帝祝，叫道："你把孙文摔死了，你不是人！孙文前几天还救过你，我再也不认你这个大哥了！"

赌徒们都以为出了人命，一个个撒腿就跑，谁也不敢停留在此。杨帝祝这时吓得不知如何是好，只知道用拳头打着自己脑袋，悔恨交加。

这时冯阿公冲进赌场，看到地上躺着的孙文，立刻喝住六神无主的杨帝祝，让他赶紧送孙文去找村里的大夫。杨帝祝这才回过神来，手忙脚乱地把孙文背到背上，急匆匆往外赶。一路上，杨帝祝一个劲地说着："石头仔，我错了，我再也不赌了，再也不赌了啊，你不要死啊……"就在这时，只听到背上的孙文缓慢地吐出一句话："现在知道错了也不晚。"杨帝贺一下停住了脚步，惊喜地说道："你醒了，石头仔，我就知道你不会死，你命比石头还硬。"说完，眼泪就止不住地流下来。

孙文虚弱地笑笑："我不会死，我还要做洪秀全第二呢。"

杨帝祝心里的一块石头落了地，抹着泪说道："孙文，我听你的劝，以后再也不赌了。"

孙文一听，开心地说："太好了，这一跤我没白摔！"

这件事很快在翠亨村传来了，村民对孙文勇敢的行为称赞不已。那些赌徒受此事影响也收敛很多，村里赌博的风气慢慢淡了起来，民风大为好转。

第五章

远赴檀香山求学

孙文十二岁时，远在檀香山谋生的大哥孙眉衣锦还乡，兄弟俩分别多年，重逢之后格外亲热。孙文一心向往外面的世界，执意要跟随大哥一起去檀香山，遭到父母坚决反对。但是，孙文心思已动，第二年劝服父母，终于踏上远赴檀香山的海轮。

首次离乡见识外面世界的孙文，既感慨西方先进的科技文明，更惊叹檀香山良好的社会秩序，思想上受到了巨大的冲击，“自是有慕西学之心，穷天地之想”。他不肯学做生意，拒绝大哥为他安排的工作和财产，希望继续求学读书，不知他的愿望能否实现？

再三恳求欲远行

1878年，孙文十二岁，大哥孙眉出国已经七年了。这一年春天，孙眉在信中说自己不久将要回国。一家人都非常激动，尤其是孙文。他一遍遍地猜想：大哥变成什么样子了？他回来后还会不会再走？可不可以带自己也出去见识一番？

一天傍晚，大家都在大榕树下聊天，有人同孙达成说：“你们家阿眉在檀香山发财了吧，这次他回来，能不能把我小儿子也带出去呀，乡里乡亲的帮衬我们一下，阿眉也多个伴。老孙，你看成不成？”

孙达成憨厚地笑了笑，摆摆手：“帮忙是自然要帮的，就怕我家阿眉没这个本事啊。”

孙文坐在旁边，静静地听着父亲他们说话，脑子里想起村里老华侨和他讲的外面世界，大哥孙眉的身影也不断浮现，好像有什么在召唤着他。他突然发话道：“我大哥是很有本事的，他还说以后要带我去呢！”

孙眉回乡的日子终于来到了。6月的一天，孙眉回到阔别七年之久的翠亨村，与父母亲人团聚。几年在海外的打拼磨炼，他已经不再是那个刚离家时的毛孩子。现在的孙眉身体健壮、思想成熟，他经历丰富，是个有头脑有眼光的生意人。他在檀香山有几千亩牧场，还开了几家工厂、商店，生意非常兴旺。由于他经营农场成效显著，夏威夷政府这次还发给他一份特许状：准许他多招华人来檀香山大兴垦务。

孙眉这次回乡算得上是衣锦还乡、光耀门楣，在翠亨村引起了很大的轰动。看着风光无限的大哥，孙文好生激动，他总缠在大哥身旁，听他讲述这些年在海外的经历，还有夏威夷檀香山的风土人情。孙眉此次回来有两个重要的任务，一是应父母之命、媒妁之言结婚，二就是招收华工。

看到许多人来报名出国，孙文也忍不住了，正式向父母提出跟要随大哥出国闯荡。

孙达成自然是拒绝的，他坚决不同意孙文跟随孙眉远赴海外。孙文不死心，再三恳求父母。杨氏心疼小儿子，知道他的倔脾气，只好也替他求情：“阿眉在那边有了产业，帝象跟去不会吃苦的，就让他跟着大哥去吧……”

没等杨氏讲完，孙达成就粗声说道：“妇道人家懂什么！你忘了学成和观成的事？阿眉当初出去也是被逼无奈。你看他现在风风光光的，那都拿命拼回来的，按我的意思啊，他回来了就不要走了，可没办法，毕竟他在那边有生意要打理。你想过没有，如果帝象也跟着去，他们俩，万一有个什么好歹……”孙达成讲不下去了，他想到两个弟弟惨遭厄运，心里既害怕又难过。他不知道檀香山到底有多远，也不知道孙眉究竟在那里做什么，总之是坚决不肯让小儿子再去冒险。

孙文不肯罢休，见父母这里讲不通，就缠着大哥孙眉，一定让他带自己去檀香山。孙眉心里其实是想带弟弟一起的，一方面多个照应，另一方面也想培养一个帮手。但父亲不同意，他也不敢违抗，再者说，父母年纪大了，也需要弟弟在家里帮忙，这样自己在外面也放心。他劝孙文：“阿弟，你不用着急，我很快还会回来的。你在家好好读书，好好帮阿爸阿妈做事。等你长大些，多读点书，多点学问，再过去那边帮我打理生意。阿哥读书少，需要你帮忙。”

不久，孙眉就又要起航远行了。临行前，他和孙文去祖父祖母的墓地祭拜。祖父祖母的这块墓地是孙达成新购置的，据说是风水宝地。来到墓地，孙眉仔细四周环顾，似乎对环境十分满意。每每看到大哥虔诚叩拜的样子，孙文都觉得大哥和父亲很像。大哥和父亲都告诉他，逝去的亲人会保佑他们。真的是这样吗？先人真的会显灵保佑在世的人们？孙文始终对此心存疑惑。

孙眉出发的那天，孙文一直送大哥走了很远。这次不能和大哥一起去檀香山，让孙文消沉了很长一段时间。他不知道大哥什么时候才能再回来，自己又何时才能有机会离开翠亨村，去看看外面的世界。

孙文只能通过读书来排除心中的惆怅，从书中找到心灵的慰藉。他明白，读万卷书，行万里路——既然自己准备“行万里路”，那就要“读万卷书”，他学习就更刻苦认真了。他的小伙伴们也向他打听孙眉在海外的情况，孙文每次讲完后，总是不忘强调：“你们等着，等我去了海外一定把那里的详细情况记下来，写信告诉你们。”

陆皓东问：“孙文，你真的要去海外？听说那里都是洋人，他们说话都听不懂。你去了做什么，跟谁玩？”

孙文自信地回答：“四海之内皆兄弟，只要我诚恳待人，相信很快就有很多朋友。再说，洋文也是人说的，我一定能学会。我大哥能行，我也能行。”

过了不久，孙眉写信回来说已经顺利抵达檀香山，招募去的华工都得到了妥善的安排。由于这次顺利招工，到了第二年，孙眉与同事早早地雇了一艘约2000吨的英国汽船“格兰诺克”号，停留在澳门，准备再次回国招工。天天望眼欲穿的孙文听说大哥这么快就要返回了，激动得彻夜难眠。他心里盘算好了，这次无论如何也要跟大哥一起远行。

让孙文大失所望的是，这次孙眉并没有亲自回来，只有他的同事带船来载运招募的工人。大哥没有一起回来，是不是自己的出国梦就要破灭了呢？孙文没有放弃，也没有退缩。他毅然提出要跟着这艘船远赴檀香山的请求。

这天，孙眉的同事来孙家，捎来孙眉的问候和礼物。村民们听说从檀香山来了人，都围到孙家，打探消息的，有看热闹的，有准备报名去檀香山的……

当时，去趟澳门也不是件容易的事。孙文听说可以去澳门报名，立即站起来说："澳门不远，我们提前几天去就行。"

孙达成咳嗽了一声，说："你又不去，跟着凑什么热闹?"

孙文认真地说："阿爸，我要去檀香山，我要像我大哥一样出去闯出名堂，不能困守在家里。"

屋里人多，孙达成不想和小儿子发生争吵，闷声地说："你的事情过几天再说。"

孙文心意已决，当即反对，他提高了嗓音；"过几天船都开走了，还说什么说呀。"

孙达成看他强硬的态度，心生不满："你小小年纪出去能做什么？下次等你大哥回来再说。"

孙文拍拍胸脯，说："我都十三岁了，古代秦国甘罗十二岁拜相，我难道还不能出国探亲?"

听他们父子的争论，孙眉的同事说道："阿伯，我看阿弟年纪不大，主意倒是很大，又有胆子，很像阿眉哥啊。"

孙达成无奈地摇摇头，说："别夸他，他满脑子稀奇古怪的想法，哪有阿眉踏实能干。他长大后能帮阿眉做点事，给他大哥做个帮手，我就满意了。"

孙眉的同事笑着说："那可不一定，阿眉哥经常和我说，他弟弟阿文聪明好学，学问比他好，将来一定比他强。"

孙文悄悄退出房间，到厨房帮正在做饭的母亲添柴倒水。他说："阿妈，我一定要去檀香山，帮我求求阿爸吧。"

杨氏深知儿子的脾气，叹了一口气，说："你阿爸不让你去，也是不放心你。其实，我也想去那边看看你大哥。如果我和你一起去那里看阿眉，你阿爸应该不会反对吧。"

孙文兴奋地跳了起来："阿妈，你真的愿意和我一起去檀香山吗？你真是我的好阿妈！"

晚上，杨氏把自己的打算告诉了丈夫，孙达成想了又想，终是同意了。杨氏心里也踏实了，笑着说："你不是也一直担心阿眉在那边的情况吗？我去了好好看看，要是好，就让帝象留在那里。他们兄弟俩在一起，我们也放心。"

杨氏说的也正是孙达成的心病，孙眉在外这么多年，写信回来都说好，到底怎么样还是不清楚。如果能去亲眼看一下，心里就踏实了。孙达成又说道："这两个孩子啊，一个比一个倔。当初阿眉一定要去，现在帝象比他大哥还要倔，都是留不住。轮船要坐好几天，也不知道他怕不怕？"

"不害怕，不害怕，只要能去檀香山，我什么都不怕。"躲在屋外偷听的孙文一下子蹦进来，高兴地说。

孙达成看着小儿子，语重心长地说："不害怕就去吧，跟着你大哥去长长见识，说不定将来也有出息。在村子里待着，终究是没有出路的。"

就这样，在孙文的再三恳求和坚持下，父亲终于同意他远渡重洋去开始崭新的生活。

乘船远航细追问

1879年5月2日，孙文陪同母亲先乘船到澳门，再坐上“格兰诺克”号轮船，远赴夏威夷，开始了一生事业的起点。

首次出远门的孙文看什么都新鲜：澳门港口停泊的大大小小的船只、来来往往的洋人、林立的店铺楼房，真有点目不暇接。尽管天气已经很热，他还穿着长衫，头上盘着辫子，戴着红顶绸布瓜皮帽。这已经是孙文平时最好的装束了，但一看就知道是中国农村走出来的。母亲杨氏缠着小脚，头戴珍珠花，身穿簇新的布制长衫，这是她过年都舍不得穿的新衣。杨氏也是第一次出远门，她小心翼翼地领着孙文，在拥挤的人群中挤来挤去，生怕和儿子走散了。

在孙眉的同事帮助下，孙文和母亲终于顺利登上“格兰诺克”号轮船。母子俩首次踏上如此巨大豪华的轮船，看到船上先进的设施和装备，又惊又喜。他们被安排到上等舱中，铺位干净整洁，各种用具都很齐全、干净。杨氏坐下后，不停地打量周围的一切，唏嘘道：“帝象，看到了吧，这里比我们家里还好呢。”

“跟你说过，出来不要叫我帝象，叫我孙文。”孙文冲着母亲撒娇地说。他也被轮船中现代气息的设备和氛围所吸引，他这里跑跑，那里看看，充满着无限的好奇和感慨。

随着客人们陆陆续续地上船，轮船发出一阵悠长的汽笛声，起锚开船了，开始了长达二十多天的海上航行。

浩瀚无垠的太平洋就在脚下，先进的蒸汽机轮乘风破浪，日行夜驶。孙文无法按捺内心的激动和好奇，他听到机房里传出隆隆的机器声，看到冒着黑烟的烟囱直入云霄。他扶着栏杆在轮船上爬上爬下，看巨大的钢架支撑船体，与外公家简陋的小木船比起来，天差地别。他站在甲板上，放眼望去，看见大海浩浩荡荡，无边无际，感觉天地之阔，万物之渺，在孙文心里掀起的层层波澜，如同这大海，汹涌澎湃。这一切对第一次从农村出来的孩子来说，都是震撼。

两天后，孙文已经大致熟悉船上的状况了，也认识了不少乘客和水手。他想到，子入太庙，每事问。所以遇到不知道的、好奇的事，他都向船上的乘客和水手打听、询问。比如，这么大的船怎么会浮在海面上？为什么船上有这么大的烟囱，难道是为了做饭？这轰隆隆的声音又是从哪里传出来的？……

面对他的这些问题，很多人都答不上来，也不关心，甚至想都没有想过。他们听了，笑笑说：“这个小孩子好奇怪，怎么会有这么多乱七八糟的问题？我们坐船不用管这么多事情的，只要平平安安到达檀香山就好了，问这么多干吗？”

可是勤思好学的孙文是不会就此罢休的，他怀着强烈的求知欲望，不断向大家追问，得到各种不同的答案，然后又不断地思索。他想不通，外公的小船是木头做的，可以浮在水面上，但这大轮船是钢铁造的，如此沉重，为什么也能浮在水面上？轮船不用划，怎么速度还这么快？海上时常有大风，吹得人眼睛都睁不开，要是爷爷的小船早被吹翻了，可大轮船却一点事都没有，依然平稳前行。大哥孙眉曾经告诉过他，是科技让神奇的事情变为现实，那什么又是科技呢？

就在孙文天马行空地胡思乱想时，过来了一个洋人，四十几岁，身高体壮。船上有很多洋人，孙文也就没有在意。没想到这个洋人径直朝孙文走过来，热情地用中文和孙文打招呼：“你好，小伙子。”

孙文又惊又喜：“你竟然会说中国话！”

原来，这个洋人就是这艘轮船的船长，名叫杰克。杰克很喜欢孙文这个勇于探索、勤于思考的男孩，回答了他很多问题，还带着他走进机房参观机器，亲自为他讲解蒸汽机的原理。孙文认真地听，默默地记。他突然明白，为什么大哥说洋人的国家正在革命，有很多我们没有的科技，这就是科技的革命。正是这些科技革命，才促进了洋人的发展。而那时的中国落后愚昧，就是因为缺乏这些先进的科技。虽然他还是不明白什么是具体的科技，但他对洋人先进的技术产生了浓厚的兴趣。

了解了轮船远航的原理，孙文回来也对同舱的乘客讲，但大伙儿都不是很感兴趣，只有那些年纪小一些的喜欢听，还愿意和他一起探讨分析。孙文不由地感慨道："国人愚昧，竟然不想知道先进的科技。这样下去，中国什么时候才能和洋人的国家一样先进?"他第一次开始担心国家的命运，那种渴望国家强盛、民族兴旺的念头一旦在脑海里出现，就会时常不断地涌出来。

这次远航对孙文的意义很大，成为他早年生活经历的重大转折点，也是他一生中第一个重大转折。1896年11月，他在给朋友英国著名汉学家翟理斯的一封信里还提及此行对自己一生的影响，追述当时自己的感受："始见轮舟之奇、沧海之阔，自是有慕西学之心，穷天地之想。"

很多年以后，孙中山回忆起第一次在轮船上的感受，他说："比机器和汽轮更令我难忘的是船上的一根铁梁，它是连着船两边，使船更加坚固。在我看来，这是一件很重大的事情。我记得，我那时想，这么重的一根铁梁，多少人才能把它装配好呢，最先想到的是那位发明这根大铁梁的天才和发明了应用它的机械方法。外国人所能做到的东西，我们中国人不能做，我立刻觉得中国总有不对的地方了。外国人既能制造这些坚硬金属的大梁，并且还能把它装配好，这不是说明他们在别的方面有优于中国人的经验吗?”在那时的孙文心里，这根铁梁就是西方科技文明的标志。

在思考、追问和感慨中，时间也飞快地度过。对于别人来说单调枯燥的海上生活，却是十三岁的孙文有生以来最生动的一堂人生大课。他为此激动兴奋，为此昼夜难眠。就在大多数乘客无聊度日，除了睡觉吃饭，就是抱怨什么时候才能到檀香山之时，孙文每天都在学习，都在进步，他的大脑里好像打开了一扇窗，窗外有一片光明在召唤他。

终于一天，洋面上突然飞来成群的海鸥，它们快乐地飞翔，勇敢地在海面上搏击，发出阵阵的鸣叫。轮船上传来水手的欢呼：“噢，快到檀香山了，前面就是陆地。”

听到欢呼声，乘客们纷纷拥上甲板，朝着渺无边际的洋面上张望，期待能看到陆地，可是他们观望多时，什么也没有看到：“哪里来的陆地，别是拿我们开心哦?”

孙文站在人群中，望着成群飞翔的海鸥，大声地说：“是真的，陆地真的就要快到了！”

人们把目光集中在这个少年身上。只见孙文指着天空的海鸥说：“我们离开澳门港口的时候，海上的海鸥就像现在这样，一群一群，到了大洋深处，终日不见一只海鸥。今天，大家看，海鸥又成群地出现，我想，陆地离这里不远了。”

边上几名水手点头说道：“确实如此，只要海鸥成群的出现，说明陆地就快到了，这是我们航海多年的经验。”

于是，人群又欢腾起来，大伙儿又叫又笑，尽情地欢呼，庆祝航行马上就要结束，终于能平安到达檀香山。

杰克船长在甲板上看到刚刚的一幕，对孙文善于观察、勇于表达的特质十分赞赏。他可能不会想到，这个一直在提问、在思考的少年，长大后会成为一名革命家，彻底地改变中国的命运。

轮船又航行了半天，到了黄昏时刻，一直站在甲板上眺望的孙文突然大声地喊起来："前面有树，还有尖尖的塔顶。檀香山到了，到了！"在甲板上休息的乘客纷纷站起来，顺着轮船前进的方向望去，船的前方渐渐地出现了一片陆地。大家无不欢呼雀跃，二十多天的海上航行终于就要结束了。

"格兰诺克"号减慢了速度，渐渐靠近码头。孙文和母亲背着行李，跟在其他乘客后面来到船边，看着岸上前来接客的人群，寻找孙眉的身影。

和澳门的码头一样，檀香山的码头也十分热闹。各种肤色、各式衣着的人挤满了码头，到处人山人海。不同的语言交相混杂，就像炸开锅一样。孙文看着这样的场面，既激动又担忧，紧张地跟在母亲后面，不停地张望，生怕走散了。杨氏紧紧拉着小儿子的手，四处张望，寻找大儿子的身影。孙文机灵，透过人群看到了也在焦急张望的孙眉。他赶紧腾出一只手挥舞着喊："阿哥，阿哥，我们在这里。"

览檀香山初见识

这么多年来，孙眉一个人漂泊在海外，终于等到至亲的家人来同他相聚，心情可想而知。孙眉推掉一切生意和工作，陪着母亲和弟弟到处游览，领略夏威夷风光。此时的夏威夷还是一个君主制国家，叫作夏威夷王国，群岛上住着当地的土著和移民来的白人、黑人和华人。来自世界各地的人们说着不同的语言，主要有英语、汉语，还有当地的夏威夷语。

孙文对檀香山的一切都觉得好奇和新鲜，那里一切井然有序，建筑整齐、街道清洁，人来人往都很有秩序，与他所熟悉的家乡风情大不一样。

一天，孙文独自一人在大街上闲逛，他看到一座有游廊和栏杆的西式建筑，白色的墙壁，高高的屋顶，显得整洁美观。孙文发现有很多人从这白色建筑里进进出出，心想，这是什么人家？怎么有这么多客人？过了一会儿，他否定了自己的想法——那些进进出出的人像是来办公的，手里攥着的是纸张而不是礼物，不像是串门的客人。就在这时，有人突然拍了一下孙文的肩膀。孙文回头一看，只见一个二十岁左右的华人正笑吟吟地看着自己。孙文并不认识对方，于是问道："你是谁？"

那人笑眯眯地说："我是你大哥孙眉的同事，他让我出来找找你，怕你一个人迷路走丢了。"

原来如此，孙文舒了一口气："放心吧，我不会走丢的。"他接着指着那白色建筑问，"你知道这里是什么地方吗？"

"这里是邮局，专门邮寄信件的。"

"邮局？邮寄信件？"孙文第一次听说，很是新奇。

那人想了想，说："比如你想给老家写信，如果没有邮局，就只能托人带信。可是这里与老家隔着大海，来往一次要很长时间。捎去的信就需要很长时间才能到，有时恰巧没有人回去，就不知要等到何年何月了。有了邮局就不一样，只要你写好信，装进信封里，贴好邮票，然后投进信箱，过不了多久，家里人就能收到。"

听了那人的简单描述，孙文好像明白了，又好像不明白。他多次帮家里给大哥写信，每次写好就托人转交，确实十分麻烦。可是，眼前这座看上去并没有什么特别的建筑真的能替人带信吗？这信又是怎么送出去、带进来的呢？而且，贴邮票又是什么意思？他满脑子问号，恨不能立即进去探个究竟。这时，就听到几声铃响，门口原本准备进去的人，都转身离开了，不一会儿房子里陆续走出不少人，他们衣着统一，说说笑笑地也离去了。

孙眉的同事看着孙文一脸好奇和疑惑，便对他说："现在邮局下班了，明天我带你过来，进去参观一下。"

回到家中，孙文把邮局的事情告诉母亲和大哥，并说："我要写信，我要给阿爸写信，写完去邮局寄信。"

孙眉笑着说："好啊，你去邮局亲身体会一下。"

孙文连夜给父亲孙达成写了一封信，第二天一大早就来到邮局。他兴冲冲地跟着别人去买信封、邮票，把信装入信封里，贴上邮票，投进信箱，庄严地完成了寄信的全部过程。但是，他望着邮局的工作人员，不解地想：他们怎么什么都不管？信什么时候才能寄到翠亨村，交到阿爸手里？尽管他疑虑重重，但依然很兴奋，这是他第一次接触、体验现代文明。第一次在邮局的探索和尝试给孙文留下了很深的印象，多年后，每当他谈起西方文明时，都要提到自己初到檀香山寄信的这段有趣的经历。

陪伴了母亲和弟弟几日后，孙眉就回到原来的忙碌工作中去了，把母亲和弟弟安置在爱槐镇一处新购置的大宅子里。孙文和母亲住进西式楼房，吃喝用全都是西式的。对孙文来说，这一切既新奇又好玩；可对已年过半百的杨氏来说，就非常不习惯——用她的话来说，就是受罪。

一天清晨，孙文刚起床就听到电话铃声响起，他跑去接电话，是孙眉打过来的。母亲杨氏对这个电话一直很好奇，通过它，孙眉在很远的地方都能跟他们说话。她忍不住问孙文："这个东西真奇怪，这么老远都能传话，莫不是神话里的千里耳？"

孙文笑了："阿妈，千里耳是神话传说，这是科技，不一样的。"

"哼，怎么不一样？科技还能比得过观音菩萨和神仙？"杨氏说完，就到另一个房间磕头念经去了。当时侨居在檀香山的华人依保留着供奉关老爷或观音菩萨的习俗，祈盼神灵保佑他们，也算是他们对家乡一种情感寄托。

孙文看着母亲又去烧香磕头，不禁摇摇头说："关老爷和菩萨在中国都管不好，跑到檀香山能管得了你们什么？"

杨氏听了，转头斥责孙文："小孩子不要胡说！菩萨神通广大，天底下的事他都能管。"

孙文不服气地说："那他怎么不管管翠亨村，让它变得跟檀香山一样好？"

"你才出来几天就敢这样不敬菩萨？真是太不像话了！"杨氏骂完孙文，又赶忙双手合十，闭上眼睛念道："菩萨莫怪，菩萨莫怪，他小孩子不懂事，乱说话，菩萨莫怪，阿弥陀佛！"孙文看母亲真的生气了，也不敢再多说话。

下午，大哥孙眉带孙文去商店买东西。他们正挑选东西时，商店里面走进几个穿着统一服装的人，看起来有点像邮局的职员。那几人与店主打过招呼后，递上了几张单子，又交谈了几句后，礼貌地告别，走出了商店。孙文问："阿哥，这些人是干什么的？他们为什么要给店主几张单子？"孙眉笑着说："他们是税务官，负责这个地区的税收工作，那些单子就是税单，店主要拿着税单去交钱纳税。"

孙文惊讶地说："原来他们是当官的，那他们怎么这样客气，好像是店主的朋友似的。"

孙眉说："这里就是这样，人人都要遵守法律，官员要依法做事，不得欺压百姓，程序简单明了。不像我们老家，当官的仗势欺人，压迫剥削老百姓，让人没有活路。"

孙文听说"法律"两个字，猛然记起村里老华侨惨遭迫害的事情。他激愤地说："阿哥，我们村里的老华侨说过，他在国外有法律保护。可是在家乡，官府和水盗勾结，抢了他的财产，害了他的家人！"

孙眉叹了口气，然后说道："法律，就是不管你是当官的还是老百姓，都必须遵守，每个人都能受到它的保护。"

这句话深深地打动了少年孙文，他忽然有一点明白了法律的意义。檀香山有良好的社会秩序，或许就是因为人们对法律的认同和尊重。

孙文离开家乡，初到檀香山，思想上受到的巨大冲击来自两个方面，一是先进的科技和文明，二是良好的社会秩序。可以说，正是这两点强烈的刺激，激发了他潜心思考与探索中国的前途和命运。

不喜管账求入学

孙眉在檀香山已经有了不少产业，他和母亲杨氏商量分一部分产业给弟弟孙文，让他一起帮忙做生意。可孙文却不同意：“大哥，阿妈，我不要什么产业，我要学习先进的科技。”孙眉明白弟弟的心思，笑着说：“我知道你聪明，过几天送你去学习，学习洋人的技术，学会了再帮我做生意。”孙文喜出望外，拉着大哥的胳膊开心地说：“太好了，阿哥！谢谢你，你真是我的好大哥！”孙眉拍着弟弟的脑袋，打趣说；“送你产业你不要，让你当老板你不干，让你去吃苦学习却这么开心，世上恐怕再也没有你这么傻的人啦，我的傻阿弟。”

母亲杨氏看着两个既懂事又有本事的儿子，倍感欣慰。她笑着说：“阿眉，我来檀香山也十多天了，看到你这里都好，阿妈打心底为你高兴。现在你把你阿弟也安顿好了，我就更放心了。你阿爸一个人没人照顾，我准备回去了。”

兄弟俩实在不舍得母亲这么快就回去。孙眉挽留道：“阿妈，你再多住些日子吧。等我教会阿弟做生意，让他帮我打理，我送你回去。”

杨氏一听，扑哧乐了：“那不还得再等个几年啊？阿妈可待不住了。”

不久，杨氏要回乡了，临行前千叮万嘱，让孙文好好听大哥的话，认真学习，认真做事。孙文一一答应，说：“阿妈，你放心，我会在这里学习先进的技术，还有法律，学成后，我会回去改变翠亨村，改变我们的国家，让大家都能不饿肚子，不受欺负，过上好日子。”就这样，杨氏把孙文交给孙眉，放心地踏上回乡的邮轮。

按照大哥的安排，孙文进了当地的盘罗河学校补习功课，主要学习珠算和记账的方法，也学习当地人的语言——“楷奈楷”语。语言不通是孙文求学最大的障碍，但这一切没有吓退好学的他，越是困难越激发他的斗志。他早出晚归，刻苦攻读，不到一个月的时间就掌握了“楷奈楷”语，并粗通算术和记账的方法。看到弟弟的进步，孙眉很高兴。他让弟弟一边读书一边在自己的店铺里帮忙记账。经过实际运用，孙文的珠算和记账能力提高很快。

杨氏走后不久，孙文正式到大哥茂宜岛的店铺里做工，负责记账。这是一份枯燥单一的工作，每天和数字打交道，记记每天进出的账目。一开始，孙文做得很认真，也很有耐心，很少出现差错。不少老店员经常向孙眉夸赞他，说他年少聪慧，工作积极，孙眉也很开心，每次去店里都会鼓励弟弟好好做事，向老店员学习。

一晃两三个月过去了，孙文已经在店里做得像模像样了。可是，他并不喜欢这一天到晚跟数字打交道的工作。他对大哥说："阿哥，我要读书，学习更多的知识和文化。"

"你不是在学习吗？我也在教你做生意。"

"我不喜欢做生意，我喜欢读书。我现在每天记账、算账，却学不到其他新知识。"

孙眉愣了一愣，说："阿弟，做生意并不容易，你还小，要从记账算账开始做。过两年，我分你一些产业，你就可以自己办农场、开商店，然后挣大钱。你现在比我当初来檀香山时幸运多了。"

"阿哥，你误会了。"孙文认真地说，"我不是嫌现在的生活不好。可是，我真的不想做生意，也不想挣大钱。我想读书，学先进的科技，然后回去改变我们的家乡、我们的国家。"说着，孙文递给大哥一本书："阿哥，你瞧，这书是店里的当地店员送给我的，内容和我以前在村塾里读过的书太不一样了，原来我还以为天下的书都像'四书''五经'一样。世界太大了，我要学习的东西太多了，阿哥，你送我去上学吧，我要读书，我要了解世界，还要让中国人都了解世界。"

听了孙文的这一大段话，孙眉又惊又喜，他听到了弟弟的理想，也感受到了弟弟内心燃烧着的那团火焰。他自己在家乡只读了四年私塾，很羡慕读书多的人，也佩服学识广博、修养深厚的人。他深知弟弟天资聪慧、勤奋好学，日后定能有所作为。“好，去读书。大哥送你去这里最好的学校读书！”孙眉答应了弟弟的请求，“年轻人是应该多读书，我读书少，没有机会再进学校了，你要帮阿哥好好读！”

第六章

萌发少年强国梦

在意奥兰尼学校，孙文接受了先进的西式教育，他刻苦学习，成绩优异，进步很快，得到夏威夷国王颁发的奖状，成为夏威夷华人的骄傲。

在读书过程中，他有感于东西方存在的巨大差异，逐渐反思祖国贫穷落后的原因，并积极与同学们探讨改造祖国的方法……

入名校苦练英文

夏威夷各岛招收华人孩子的学校不多。在檀香山的意奥兰尼学校是夏威夷历史上办学最早的学校，由夏威夷国王卡米哈米四世在1862年提议建成。“意奥兰尼”是夏威夷语，有“天空飞鸟”之意，寓意着国王希望学校能培养出类拔萃的人才。孙眉很想让弟弟进意奥兰尼学习。这所学校的教师几乎全是英国人，所收学生也多为英国人，授课与交流都使用英语，虽然学校也招收少量的华人学生，但对英语有一定的要求。为此，孙眉很犹豫，他担心弟弟因为语言障碍，无法适应那里的学习。

但孙文却一点也不担心，他对孙眉说：“阿哥，你放心，我一定会学会英语，你带我去试试吧。”看到弟弟这样自信，孙眉也很高兴：“好！大哥知道你聪明好学，只要肯下功夫，没有学不会的。明天我就带你去学校报名。”

第二天，孙文换下他的长衫和瓜皮帽，穿上专门准备的新衣服，跟着孙眉和孙眉的一位英国朋友来到学校。他们见到了负责招生的一位女教师。女教师礼貌地和孙眉兄弟打了个招呼，又拉过孙文仔细打量，然后和那位英国朋友进行交流。孙文听不懂他们的谈话，只能耐心地等候。过了一会儿，英国朋友用不熟练的汉语对孙眉说：“孙先生，现在学校已经开课有两周了，你的弟弟没有学过英语，跟着学会很吃力，你看他能行吗?”

孙眉想了想，低声问孙文：“阿弟，你看呢?”

孙文坚决地点点头，说：“阿哥，我行。”

孙眉相信自己的弟弟，便毫不含糊地对英国朋友说：“我弟弟很聪明，学东西很快，他一定行。他非常想读书，还请你帮忙告诉老师，请收下他吧。”

那位英国朋友点点头，微笑着和招生老师继续沟通。说着说着，女教师脸上渐渐露出了笑容，她不时看向孙文，并不住点头。孙文心想招生老师可能同意自己在这里读书，不由一阵心跳。

果然，英国朋友说：“孙先生，学校非常愿意给热爱学习的孩子一个读书的机会。你弟弟可以先来学校试听，并学习英语，如果能够听懂老师讲的课了，就可以正式入学。”

虽然只是试听，但孙文依然很高兴。他对大哥说：“放心吧！我肯定很快学会英语，听懂老师讲的课。”

就这样，孙文成为意奥兰尼学校的试听生。他在女教师带领下走进教室，开始了自己在檀香山的求学之路。孙文完全不懂英语，来到檀香山也不过短短几月，此前也没有系统接受过现代教育，他面临的困难不是一点点。

孙文身处陌生的环境，接触陌生的老师和同学，还有陌生的语言、陌生的教育方式和陌生的学习方式，数不清的困难包围着他，只要他稍微一泄气或放松，他就可能永远失去在这里学习的机会。孙文没有被困难吓倒，上课时他认真地听老师讲解，仔细研读课本。他渐渐发现英语的拼写、读音、文法等规律，语言水平飞速提升。同时，他又刻苦钻研新的科目，被数学、自然科学、法律等深深吸引。他学过珠算和记账，因此数学学得很好。

下课时，孙文会默默观察其他同学之间的沟通和交流，领会日常口语习惯；放学后，他会在校园里转几圈，熟悉环境。如果遇到老师和同学，他还会诚恳地向他们请教问题；回家后，他捧着书本用心看、用心读，并不时写写画画，把不认识的单词一个个弄懂。这里的教育方式和他在国内私塾里的死记硬背有很多不同，但这种西式教育也是很严格的，严厉的老师也会用教鞭打手心来惩罚学生。

十几天后，孙文找到那位招生的女教师，用简单的英语说出这些日子自己在这里学习的感受。老师很惊喜，她拿出课本让孙文指认书上简单的单词，没想到孙文竟已经会读简单的句子。为了证明自己能够胜任学业，孙文还拿出数学课

本，演算上面的例题。女教师非常高兴，她连声夸赞孙文的进步，并同意孙文正式成为意奥兰尼学校的学生。

办理了入学手续后，孙文开始了更加勤奋刻苦的学习生活。意奥兰尼学校教育内容广泛，包括文学、历史、生物、地理、数学等科目，再加上灵活多变的教学方法，大大开拓了他的视野，满足了他强烈的求知欲望。除了能够获取知识，学校还让孙文更直接地感受到西方的文明和先进，体验到中西方文化之间的巨大差异，这为他日后改变中国提供了思想基础，同时也提供了经验和实践的来源。

对孙文来说，他明白不管学校如何，师资怎样，自己首先要解决的问题依然是语言。要是无法熟练掌握英文，他在学校的学习就不能顺利进行。因此，他必须付出比同学多几倍甚至几十倍的努力，把握每一分每一秒，运用各种时机来学习，来磨炼，从而攻克语言难关。

刚开始，他几乎无法和同学们沟通，只能躲在一旁默默观察。沉默寡言可不是“孩子王”孙文的个性，很快，他就勇敢地走近同学，大胆地与他们“交流”。当然，此时他们的语言并不相通，还需要靠比手画脚。有些同学嫌和孙文比画手势很麻烦，不搭理他，孙文也不气馁，依然积极地与其他同学“交流”。他把每一个同学都当成老师，利用每一次交流的机会，向他们虚心请教，苦练英语。经过一段时间的学习，孙文的英语水平提升得很快，已经能和老师、同学进行正常的对话，也能朗诵课文了。

孙眉生意很忙，常不在家，怕弟弟寂寞，想多回来陪陪他。没想到孙文说："阿哥，你不要回来，我不要你陪。"

孙眉很是纳闷，怎么这就不要哥哥啦？孙文连忙解释："阿哥，学习洋文就要和洋人多对话，要是你天天在我旁边，我每天都和你说中国话，什么时候才能说好洋文呀？"

孙眉一听，觉得弟弟说得很有道理："原来如此，你看我来檀香山这么多年，会说的英语不多，恐怕就是整天和说中文的人讲话，没有练习的缘故。"

"就是这样，要想在最短的时间内掌握英文，必须听说全是英文，读写全是英文，如此磨炼，持之以恒，才能有很大的进步。今天说英文，明天又说回中文，三天打鱼两天晒网的，自然说不好。"

孙文除了每天在学校使用英文，放学后还走上街头，大胆地和见到的洋人交流，与他们谈论当地的习俗、各处的风景，以及中国的历史。在如此这般实地演练后，他的口语能力飞快提升，知识面也不断扩大。一个多月后，孙文已经能够流利地进行英语对话了，让在海外待了多年的孙眉刮目相看，对弟弟的前途更有信心。

孙文学习尤其刻苦，他每天回到家，要把老师讲过的内容再读写好几遍，还要读很多课外书。孙眉见弟弟每天如此辛苦，不禁心疼地说："阿弟，你已经学得很好了，怎么还要做这许多功课？你看那么多书，又能有什么用？"

孙文认真地说："怎么会没有用？我们了解世界，学习先进的科技，洋人一直在发展、在进步，我们不学怎么行？我本来基础就差，要是不努力多练习多读书，就跟不上老师的教学计划了。”

弟弟这股子上进的劲儿，让孙眉很是佩服，他能做的就是尽可能提供良好的学习环境，保证让弟弟安心学习。在大哥的支持和自己的努力下，一个学期结束后，孙文竟然从一个对英文一窍不通的农村少年，变成学校考核名列前茅的优等生。

孙文因为优秀的成绩得到了老师的夸赞和同学们的祝贺。孙文自己也很开心，决心下学期更要好好学习。在他心里，认识世界、学习先进科技永远是第一位的，他朦朦胧胧意识到他的家乡、他的国家所缺的是什么、问题又在哪里。

孙文刻苦攻读西学时，也不忘继续学习中文，他经常阅读各种中文书籍，尤其是中国历史。中国五千年历史上涌现的英雄人物和激荡人心的历史事件数不胜数，这些人物和故事深深地吸引着孙中山，也让他深深地眷恋着自己的祖国。他也会把中国的历史故事和风土人情讲给同学们听，渐渐地，在孙文的影响下，有些同学开始对中国感兴趣，想了解中国、认识中国，还有好学的同学跟着孙文学习中文。孙文优秀的品格让他到哪里都受到众人的信任与欣赏。

受欺侮欲剪发辫

当然，他优秀的学习成绩和良好的人际关系，也引起一些学生的深深嫉妒，为他带来了麻烦。学生之中有那么几个人，傲慢无理，瞧不起留着长辫子的华人。孙文入学后，他们曾经多次取笑他，指着他脑后的辫子喊“牛尾巴”“马尾巴”，以此侮辱他。

在意奥兰尼学校，华人学生很少，他们脑袋后面的辫子无一例外成为一些同学取笑、谈论的话题。孙文注意到这种现象，多次表示不满和反抗，无奈人单势孤，不但没有制止这种无良行为，还引得那几人变本加厉地欺侮孙文。

有一天课间，孙文坐在校园的一座雕塑下读书。这几个无赖学生见了，悄悄藏到孙文身后，伸手抓住了孙文的辫子。孙文读书读得太入迷了，丝毫没有察觉到异样。过了一会儿，就要上课了，孙文准备回教室，刚一起身，没想到辫子被扯住，又狠狠地跌坐下来，头皮被扯得生疼，屁股也好似裂了开来。看到孙文疼得啊啊直叫，那几个作恶的学生反倒得意地哈哈大笑，冲孙文做了几个鬼脸后就跑走了。孙文盯着他们的背影，心里燃起了怒火。

又过了几天，下午放学，孙文背着书包走出校门，看见那几个无赖学生围在一起，好像在打架。他不爱凑热闹，只准备绕开他们回家去。忽然，他听见有人在哭叫，夹杂着中文“疼、疼、疼”。孙文吃了一惊，顺着声音望去，原来他们几个正扯着一个华人同学的辫子取乐。那华人同学像只小狗一样，被人拉着辫子转圈，他弯着腰弓着身子，双手捂着头，眼里噙满泪水，不停地用中文和英文求饶：“求求你们，放开我吧，放开我吧……”而那群欺负他的学生则在周围狂呼乱叫：“牛尾巴，马尾巴，头上有个狗尾巴。”

见到此情此景，孙文怒火中烧，尽管他记得阿妈临走前，千叮咛万嘱咐让他不要惹事，但看着自己的同胞受欺负，他再也忍不住了。孙文冲上前去，一把扶住华人同学，冲着那个扯辫子的学生喊：“你放开他，放手！不许欺负同学！”那人斜着眼睛看着他，不怀好意地哈哈大笑：“哦，又来了一条大尾巴！”然后示意其他同学去抓孙文的辫子。孙文早有防范，不等他们过来，一拳打在那人脸上，把他打翻在地。那人眼睛吃痛，手松开辫子去捂眼睛。被扯住辫子的华人同学得以脱身，拉着孙文的胳膊：“快，快走！”

可是，那些无赖学生哪里肯放过他们，都扑上来围着孙文，对他拳脚相加。面对围攻，孙文毫不畏惧，他心里充满着对屈辱的愤慨，燃烧着正义的火焰。他凭借着在老家勤奋习武练就的好身手，以一当十，将他们几个打得连连后退。最后，那些无赖学生一哄而散，各自背着书包逃跑了。

孙文喘着粗气，看着那些四散逃开的背影，过了好一会儿，才缓过劲来，然后和一旁早已吓傻的华人同学结伴回家。那华人同学叫李家良，也是广东人，去年跟随父母来檀香山。李家良看着孙文肿起的眼角和额头上的血迹，担心地说："你的眼睛疼吗？要不要去看医生？"

孙文说："不用，这点小伤不碍事，我家里有药，回去抹一下就好了。"他们边说边走，谈到辫子的问题，李家良说："唉，真气人！他们总是拿我们的辫子侮辱我们，可这是我们老祖宗传下来的，剪发如同断头，万万剪不得。"

孙文沉默良久，说："其实，留辫子不是我们汉人的习俗，是清廷强加给我们的。在我老家，有个冯阿公，他参加过太平军，太平军就是剪了发辫反抗清廷。"

李家良吃惊地瞪大了眼睛："真的吗？太平军剪了辫子？"在他看来，蓄辫子是天经地义的事情，剪了辫子真是匪夷所思。

"当然是真的。当年清军入关，为了强迫汉人留辫子，用了很多酷刑，不少人为此掉了脑袋。在我们家乡，不少明末义士就是不满朝廷的压迫，和清廷对抗了好些年……"

李家良认真地听着，对孙文的广博见识深感敬佩，同时也为自己知识的贫乏而惭愧：“唉，我竟然连自己国家的历史都不了解！”

孙文感慨地说：“岂止你不了解，我们中国人深受封建压迫这么多年，又有几个人清醒，几个人敢于反抗？太平军败了，不知道何时再有人站起来反抗！”孙文忧国忧民之情随着年龄的增长不断加强，特别是感受到外面世界的现代科技和文明后，这种情感变得尤其强烈。

孙文继续说：“虽然我们现在在檀香山，但中国才是我们的根，我们好好学习洋人先进的科技，有一天回去改变我们的国家！”李家良被孙文的话深深打动，他的心中也涌动着激越的情绪。

突然，孙文的脑子里冒出一个大胆的想法——他要剪掉这根屈辱的辫子！

他回到家，顾不上回答大哥对他脸上的伤的询问，径直到里屋拿出了一把剪刀，然后站在孙眉面前，说：“阿哥，我要剪掉辫子，我不要这根带着屈辱和麻烦的辫子。”说完，他一手拿过辫子，一手拿着剪刀就要剪。

孙眉着实吓了一跳，他跳起来一把抓住孙文的手：“住手，不许胡闹！”说完就去抢孙文手里的剪刀。

孙文死死抓住剪刀，说：“我不是胡闹，辫子是清廷强加给我们的屈辱，我们为什么还要留它？”

孙眉用力夺过了弟弟手里的剪刀，生气地说：“蓄辫子是老祖宗留下的规矩，你若剪了，如何对得起列祖列宗？你才上了几天洋学，就这样无法无天，不知道天高地厚！”

孙文也不退缩，争辩道：“洋人不蓄辫子，不是照样文明发展？我们蓄辫子，除了象征落后和屈辱，还有什么作用？”

孙眉从没想到弟弟会如此胆大妄为，气得他满脸通红，拍着桌子大声说道：“你住嘴！不管你怎么说，就是不准剪辫子。洋人这好那好，但他们是洋人，不是我们，你以后少跟着洋人学。”

孙文还想继续跟大哥理论，可孙眉不理他，拿着剪刀转身进屋，砰地关上了门。

直到晚饭时，孙眉才走出房门，脸色虽有缓和，但依然非常严肃。他对孙文说：“阿弟，我知道不少洋人取笑我们的辫子，这些事情，你以后习惯了就好，不要放在心上。你只要好好读书，其他的事情不要管，很多事都不是我们老百姓管得了的。”

孙文知道，大哥并不理解自己，不知道辫子带给自己的不仅仅是一时的屈辱，更是思想上的伤害。他对大哥说：“在老家时，我和方大头打架，他一下抓住我的辫子，把我的头用力往墙上撞，都把我撞晕了。我当时就想，为什么我要留着辫子让他抓着撞呢。我们村里的冯阿公，他参加过太平军，太平军的将士都不留辫子。他们起义和清廷对抗，打下了大半个中国。我觉得这根辫子实在是无用的，只会带来不便，带来屈辱，为什么要去习惯它？不如剪掉干脆。”

孙眉见弟弟如此顽固，无法说通，只好采取强制措施，下了死命令："你不要再说了，祖宗的传统不能变，辫子不能剪，不然我无法向阿爸阿妈和列祖列宗交代。"

这件事情就这样过去了，接下来的几天，孙文几次想说服大哥，都被孙眉严厉地挡了回来。孙文第一次萌生剪辫子的想法就这样被扼杀了。

经过这次风波，孙文意识到有些问题已经变得很严重。在和同学李家良讲到自己同大哥孙眉之间的分歧时，孙文说："你看，大家都看不清这条辫子到底意味着什么。我大哥在海外这么多年，天天受洋人文化的影响，可他依然循规蹈矩地守着旧传统旧文化。在檀香山，像我大哥这样的人又有多少！他们明明知道在这个世界上，有着先进的科技和文明，却不愿意用这些去改变自己的落后，更不愿意带动国人去改变。他们尚且如此，那些没有见识过现代文明的国人就更不可能去改变了。这样中国怎么才能进步呢？"

听了孙文的话，李家良感慨万千："是啊，为什么华人不愿意接受改变呢？我们什么时候才能剪掉辫子，什么时候才不受洋人欺负呢？"

孙文的目光变得深邃起来，他内心的忧虑给他带来一种强烈的责任感。他沉思了一会儿，似乎找到了答案："我想，或许得等到全体中国人，或者大多数中国人都醒悟过来辫子是落后的象征，才会下决心剪掉它。"也许从那一刻起，他的心里就有了推翻旧传统、旧制度的决心。

在檀香山的日子一天天过去，孙文深受西学的影响，已经不再是那个刚刚走出翠亨村的懵懂少年。他勇于接受新事物，积极了解新世界，在新的环境里快速地成长。他有了更深入的思索：中国为什么会变得这样贫穷落后，西方国家又是如何做到文明富强?

学校附近有一个游泳池，水很干净，就好像翠亨村那条清澈的小河。孙文和同学们常常去那儿游泳。有一次，游完泳，男同学们的短发很快就干了，孙文的辫子还是湿漉漉的。有个友善的外国人问他："你为什么不把你的辫子剪掉?"

孙文想了想，认真地说："我会等到全体中国人都想剪掉辫子的时候，再剪。这发辫是我们中国人落后的象征，是所受众多耻辱中的一种，等我们都决心剪掉辫子的时候，我们要让全世界都知道，我们要把落后和耻辱统统去掉!"从那个时候，他就期待着中国人一起觉醒。

成绩优国王嘉奖

时光飞逝，转眼孙文进入意奥兰尼学校学习已经三年了。三年的教育、三年的追索与成长，让他从一名来自半封建半殖民地国家的农村少年，成为“以天下为己任”的花季少年。这三年他不但专心于学业，对学校的其他活动也很热心。三十多年后，他在一次演讲中这样描述他在意奥兰尼的校园生活：“……至檀香山，就傅西校，见其教法之善，远胜吾乡，故每课暇，辄与同国同学诸人，相谈衷曲，而改良祖国，拯救同群之愿，于是乎生。当时所怀，若必使我国人人皆免苦难，皆享富乐而后快。”

1882年，孙文经过三年多勤奋学习，参加了学校的毕业考试。在这次考试中获得英文文法第二名的好成绩。这个三年前对英语一窍不通的少年最后竟取得如此优异的成绩，学校和老师们一致认为孙文应该得到夏威夷国王的嘉奖。意奥兰尼学校是夏威夷的知名学校，每一届学生毕业，国王都要亲自参加典礼，为优秀毕业生颁发奖品。

孙眉为优秀的弟弟深感骄傲，放下所有的生意参加弟弟的毕业典礼。国王的到来让所有人兴奋激动，特别那些将要领奖的学生，更是心情激动。孙文站在领奖队伍里，他黄色的皮肤格外引人注意，不少人在指指点点。孙文对此丝毫不在意，他昂首挺胸，意气风发。

典礼开始了，国王走到台上，为取得优异成绩的学生颁发奖品。轮到孙文，国王将一本中文书交到他手里，并鼓励说："你是意奥兰尼学校第一个获奖的中国学生，我和夏威夷为你骄傲，你的祖国也会为你骄傲。"孙文心里涌动着滚滚热浪，久久不能平复。

典礼结束后，老师和同学们围上来向孙文表示祝贺。他的英文老师芙兰·蒂文说："孙文，你很成功，你是我教过的学生中最出色的。"芙兰·蒂文十分欣赏孙文，觉得这个来自遥远国度的中国学生很有个性，也很有思想。他鼓励孙文攻读政治，借给他林肯、华盛顿等名人的传记，还有许多许多关于资产阶级革命的书。在阅读中，孙文开阔了视野，了解到许多他前所未闻的思想，境界大大提高。

那几个曾经欺负过孙文的同学也上前来，不好意思地向他道歉："孙文，以前是我们错了，请你原谅！"孙文说："没有关系，是你们不了解中国，不了解我们的灿烂文明。

我们现在是很落后，但总有一天，我们会改变，我会让你们了解真正的中国。”李家良和一些华人同学纷纷表示：“孙文，你是我们华人同学的骄傲，我们今后也要向你学习，为中国人争光。”

因为孙文的优异表现，他在华人圈里产生很大影响，许多华人家长也开始把孩子送进意奥兰尼学校，同时学校也改变了对华人孩子的印象，放开了对华人孩子的招生。看到这些变化，孙文很高兴：“我个人的努力能够带来这些转变，真是太好了，这比奖励我什么都强。”

毕业典礼后的一天，孙眉带弟弟来到自己的办公室，拿出一份合约递给孙文：“阿弟，这是一份财产赠与合约。如今你毕业了，我要送给你一份财产，让你帮助我打理生意。”

孙文伸手挡住大哥递过来的合约，诚恳地说：“阿哥，我不要财产，我只要读书。”

孙眉不解地问：“你现在已经毕业了，你还要读什么书？”

孙文眼里闪着光彩，激动地说：“阿哥，我才读了三年书，了解的知识实在太少，我还想读书，到高等学校去学习。”

孙眉看着弟弟，他最初的打算是想把弟弟培养成有文化的生意人，让他与自己一起管理家里的产业，可是三年来孙文深受西学影响，与他在各种观念上产生了分歧。他不想让弟弟在西学的道路上越走越远。他对孙文说：“阿弟，你学会的东西也不少了。我最近生意特别忙，你先过来帮帮我，其他事以后再说。”

孙文向来尊重大哥，这些年来，都是大哥辛苦工作，供他读书，他深知大哥的不易，于情于理，自己都应该帮大哥分担一些工作。于是，他暂且放下继续上学的念头，在大哥的安排下，进入茂宜岛牧场，做记账和管理财物的工作。

三年前刚来檀香山的时候，孙文曾经在大哥的店里帮过忙，做过财务工作，现在重新拾起这份“旧工作”，他依旧没有什么兴趣。而且，现在的他经过三年的学习，知识更丰富，思想更深刻，对未来也怀有了远大的抱负。

此时的孙眉一心想拓展事业，他已经租下了整个茂宜岛，人称“茂宜王”。看着自己的事业蓬勃兴旺，孙眉多次向弟弟描述未来美好的前景，让他好好跟着自己学做生意，将来分给他更多的产业让他经营打理。对此，孙文每次都这样回应：“大哥，产业您自己留着，我对产业和生意不感兴趣。”

孙眉感受到了弟弟对自己的疏远——他不再像以前那样亲昵地喊他“阿哥”，而是恭敬地称他“大哥”。但他还是心疼弟弟的，只觉得孙文年纪小，还不知道产业有多重要。对于孙文的拒绝，他总是置之一笑，心想，不管你要不要，我这些产业迟早要分给你的。

十六岁的孙文就这样在大哥的牧场里工作。他身在牧场，心在学校，时刻想着读书的事。他能不能走出牧场，重新回到校园继续求学的道路呢？

第七章

撕神像唤醒同胞

孙文拒绝大哥财产的赠予，他在牧场工作的同时还不忘宣传西学，批判封建愚昧和无知落后，引起牧场很多工人的关注和好奇，也受到大哥孙眉的批评。终于，孙文摧毁关帝像，触怒了保守的孙眉，兄弟俩第一次反目。孙文被打，遭到驱逐，等待他的又是怎样的命运呢？

宣扬西学反封建

有一次，他和牧场上的几个伐木工人聊天，讲到国人的愚昧落后、中西方存在的巨大差距，感叹地说：“在我们的家乡，老百姓贱如蝼蚁，生活无保障，饱受清政府和各级官吏的蹂躏。可你们知道吗，并非全天下都是这样的。在一些国家里，政府能和百姓相处和谐，社会秩序井然有序，人们遵守法律，没有官府欺负百姓的现象。”

有个刚来檀香山不久的年轻人惊讶地问道：“真的吗？那他们当官的靠什么发财？老百姓凭什么听他们的？”

孙文说：“没有谁听谁的问题，大家都听法律的，服从法律的规定。”

那个年轻人睁大眼睛，不太能理解孙文的话。有些来檀香山时间比较长的工人，对有些事还是有所感触的，但他们每天只知道工作，很少去思考。听到孙文讲到法律，他们纷纷点头说：“这里就有法律，法律可以保护老百姓，就连我们侨民也保护。”

正当他们聊得兴起时，孙眉的生意伙伴老杨头来了。老杨头其实也不老，四十多岁的样子，但终日穿着旧式长衫，梳着油光光的长辫子，不苟言笑，一副标准的大清子民形象。孙文和他一起工作，觉得压抑沉闷，他有时忍不住想，老杨头来檀香山这么多年，怎么一点改变都没有？

确实，老杨头从不改变，甚至连穿的裤子都要从国内邮寄过来，从不去洋人的店里购买。他的脑子里固守着中国的封建传统，对西方的先进文明抱着强烈的排斥态度。

老杨头固执地认为，祖宗的传统不能变，中国人应该远离西学，不要受他们的影响。孙文曾经反驳他说：“你说祖宗的传统好，可为什么我们在国内会饱受欺压，生活那么艰苦呢？你看不上洋人的文明，为什么又要来到这里，享受这里的财富和生活？如果让你现在回去，你拥有的一切还能继续拥有吗？”老杨头想了半天，无言以对，只好摇摇头不吭声，表示不想和他理论。孙文见他身在檀香山享受现代文明带给他的种种好处，心却如此顽固不化，实在可悲可叹。

老杨头显然听见了孙文和工人们的对话，他严厉地说：“哪里的法律都比不上我们老祖宗定下的规矩，不管我们在哪里，都要遵守老祖宗定下规矩，否则就是背叛祖宗，以后死了也进不了祖坟。”

孙文知道老杨头是故意来打击自己的，他站起身来说："我记得祖宗规矩里有句话叫'父母在，不远游'，我听说杨大哥令尊令堂俱在家乡，可是您千里迢迢来檀香山近十年了，是不是也没有按照老祖宗的规矩做事？"

一句话说得老杨头张口结舌，面红耳赤。孙文接着看向工人们，满怀激情地说："我们的国家正遭受清廷和列强的欺压，国将不国，这是事实；国人生活面临绝境，民不聊生，这也是事实。所谓'国家危亡，匹夫有责'，我们为国为民分忧是情理之中的事，现在我们见到西学之先进，认识到中国的不足，就应该积极学习，勇于承认和改变，这才是让中国走上富裕强盛的道路，你们说对吗？"

孙文仿佛做了一次简短的演说。以往，他只是谈论一下西学先进之处，对比中国的落后现象；今天，将这两者结合，好像一下子有光照进他多年来的困惑和思索。他富有激情的话打动了在场的工人，他们热烈鼓掌，齐声喝彩。

老杨头没有想到孙文不但不听自己的劝告，反而将西学与救国救民联系在一起，既害怕又生气，摇着头说："我告诉你，西学会害人的，你中毒太深，你再继续鼓吹，小心你大哥把你撵回去。"

孙文的所言所行自然都传到大哥孙眉那里。老杨头三番五次地前来告状，痛斥孙文种种叛逆言论和不恭不敬的态度。对此，孙眉颇感头痛，他犹记得那次"剪辫子"风波，非常担心弟弟又会做出什么大逆不道的举动。

这天，孙眉在老杨头的陪同下到店里核账，一进门就只见孙文正埋头读着一本书，读得入迷，根本没有注意到他俩。老杨头轻哼一声：“喏，又不知在读什么鬼书。”孙眉心里冒火，上前夺过孙文手里的书，大声地训斥道：“帝象，你不好好工作，成天读这些没有用处的书，到底想干什么？”

孙文愣了一愣，回答道：“大哥，这是介绍美国第一任总统华盛顿的书，非常好！你怎么说是没有用的书呢？美国就是在华盛顿的带领下……”

孙眉一下打断孙文的话头：“不要再说了！我们是中国人，管不了洋人的事，你以后少读这些书，少讲这些话，做好自己的工作。”

老杨头也在一旁帮腔：“对！我们虽然在檀香山，但不能忘本，不能丢掉祖宗的传统，不然以后怎么去见列祖列宗？”

听着他们俩的一唱一和，孙文非常反感，他忍住怒气说道：“就知道拿祖宗说事，怎么不关心活着的人？不关心中国的老百姓还饿着肚子？”

孙眉怒声道：“活着的人怎么了？你不是活得好好的？我就是怕你做错事才来管你，没想到你如此不知好歹！”

兄弟俩在店铺里争吵开来，引来不少人围观。老杨头见状，赶忙把孙眉劝走了。

之后不久，孙文回檀香山看望之前在意奥兰尼学校的同学李家良、钟工宇等人，听说他们都进了奥阿厚书院读书，非常羡慕。他打定主意，一定要继续上学。

回去后孙文立刻找到大哥，向他提出想去奥阿厚书院读书，并恳求道："阿哥，我不喜欢牧场的工作，我还是想读书，你就让我去吧，我一定会好好读书的，保证不给您惹事。"想到原本学习都不如弟弟的同学都进了奥阿厚书院读书，孙眉也心有不甘，他无奈地叹了口气，说："我本意是让你帮我打理生意，你却心不在此。也罢，你去读书吧，等毕业了再说。或许过几年你长大了就明白我的苦心了。"

没想到大哥这么痛快就答应了，孙文高兴地不得了。

没想到，老杨头也很高兴。他对孙眉说："帝象不懂得做生意的艰难，还是适合在学堂里读书。把他送进学堂，我们牧区也就安宁了，省得他天天说些大逆不道的话，弄得这些年轻人不安心工作。"

凭借着在意奥兰尼的优秀成绩单，孙文顺利被奥阿厚书院录取。他和大哥孙眉过完春节后，便进入学校学习。孙文此次入学和进意奥兰尼时不一样，他已经熟练掌握英文，具备了不少西学知识，也熟练西学教育的特点，最重要的是，此时，他那颗胸怀世界、渴求新知的心，越发有力地跳动着，他学习目的也越来越清晰。这次入学对他的人生和他的世界观的形成都尤为重要。

怒撕神像惊众人

奥阿厚书院是一所美国教会学校，学校除了教授文学、自然科学、数学等基本学科外，还开设了医学、政治学、美学等专业的基础课程，意在引发学生的爱好，发现他们的专长，为今后进入大学打下基础。孙文入学后，很快对政治学和医学产生了浓厚的兴趣，希望将来能去美国深造，再做深入的研究。孙眉听说弟弟喜欢医学，非常高兴：“学医不错，有门专长，将来治病救人，是积攒功德的事，有出息。”

孙文心怀学习先进文明与科技来改变祖国和同胞现状的伟大理想，在学校刻苦学习。在他读书期间，正值夏威夷人民反抗美国吞并而进行英勇斗争。他目睹夏威夷人民反抗异族压迫而奋起斗争的情形，联想到此刻的祖国正在遭受腐败政府的黑暗统治和帝国主义的无情侵略，逐渐萌生了推翻清政府、反对殖民主义、要求民族独立的思想。他常常和老师、同学们交流看法，还公开发表关于破除旧思想、反抗压迫的演讲。

每到放假，孙文还会回到大哥孙眉的牧场，向那里的工人们宣传新思想、新精神，试图让他们明白中国愚昧落后的原因，以及什么才是光明的路。而这一切在孙眉看来，简直就是“叛逆的言论”，是大逆不道的行为。

孙文希望大哥能够理解他，他曾郑重地对大哥说：“我们国家遭受了几千年封建思想的束缚和压迫，体制腐朽、思想封闭、科技落后、经济衰败，为什么还要故步自封，不但不向人家学习，努力改进，还视现代文明为洪水猛兽？你看看，世界上许多国家都在发生日新月异的变化，它们经过资产阶级革命，在政治、经济、文化等方面都取得了突飞猛进的发展。世界在进步，而我们国家呢？要想改变中国，让中国强盛，必须从国人的思想上进行彻底改变，推翻腐败的清政府，抛弃封建陋习，接受新知，进行一场彻底的革命！”

“住口！”孙眉大喝一声，“你真是胆大妄为，说这些话是要杀头的呀！”他为此痛心疾首，实在不愿意看到曾经乖巧聪明的弟弟误入歧途，还这条路上越走越远。

“我所说句句属实，国人愚昧，抱着陋习不放，还以为是在遵守祖宗规矩。要我说，我们就应该剪掉辫子，摆脱清廷的控制，做文明之人！”孙文的一腔“改良祖国，拯救同群”的爱国之心换来的是大哥孙眉忍无可忍的一记耳光。

孙眉暂时禁止弟弟去读书，让他在牧场“反省思过”。

孙文无法去学校，工人们就来找他，听他讲故事、分析时事，工人们开阔了眼界，增长了见识：“没有来檀香山时，我以为全天下都是清朝皇帝的，所有男人都蓄辫子，所有女人都裹小脚。来了以后才知道，外面不是这样子的。世界太大了，我们知道得太少了。”孙文很高兴他的话能影响到一些人，便也没有那么苦闷。

正当大伙儿兴高采烈地讨论着，突然传来一阵急促的脚步声。声音很大，似乎有很多人在奔跑。孙文和工人们走出屋子，只见有几个人抬着一个中年汉子往佛堂方向跑去。孙文好生疑惑，只见老杨头也赶过来，便忙拦住他问：“杨大哥，出了什么事情？”

老杨头急急说说：“李同犯病了，大家抬他去佛堂祈福，请求关帝爷保佑。”

那个时候，有中国人的地方就有佛堂。在孙眉的牧场里，佛堂供有关帝的画像，工人们经常去烧香磕头，祈求关帝爷保佑。

孙文三步并两步，赶上那群人去看个究竟。众人抬着的那个中年人双目紧闭，看上去正在忍受着很大的痛苦。他上前拦住他们说：“我看这位大哥病得很严重，还是赶快送医生那里看看吧，不要去拜关帝爷。”

其中一人对孙文客气地说：“我们生病了都是去佛堂的，不习惯那些洋医生，他们看病和我们的大夫不一样。”

孙文在奥阿厚书院接触过医学，略懂一点医学常识。他仔细地观察病人，见他脸色蜡黄，面部由于疼痛而扭曲，双手紧紧地捂着右腹部，看起来像是患了急性胆囊炎，情况很紧急。孙文知道这种病，并非严重的疾病，但要把握好时间及时治疗，一旦有所延误，病情就会恶化，病人更是痛苦加倍。孙文没有放弃，急急地说："你们相信我，这位大哥病情危急，需要赶紧治疗，我带你们去！"

然而没人理睬孙文，大家只抬了人匆忙往佛堂赶。

不一会儿，大家都进了佛堂，他们将病人往地上一放，然后纷纷跪倒在地，向着挂在墙上的关帝画像又是烧香又是磕头，嘴里还念念有词，保佑病人尽快康复。躺在一旁的病人仍在不停地痛苦呻吟着，捂着肚子来回翻滚，病情自然是没有丝毫减轻。

孙文看病人痛苦的样子，心里又气又急，他冲过去拉起跪在最前面的一人，摇晃着他的肩膀说："你醒醒吧！你看看病人，他都痛成什么样了，你们跪在这里烧香磕头有什么用？"那人看着地上痛苦的病人，也于心不忍，脸上流露出犹疑的表情。

"烧香磕头治不了病，要相信科学，相信医生，这才能治病。"孙文继续说道，"我们知道你们都迷信关帝，但你们睁大眼睛看看，你们的关帝现在不就是墙上的一幅画吗？关云长是三国时候的人，已经死了一两千年了，他怎么给你们治病，怎么保佑你们？！"

老杨头气坏了："孙帝象，你不要胡说八道！我们中国人都信关帝爷，关帝爷能保佑我们。你那套歪理邪说，在我这里行不通！你不要在这里亵渎神灵，亵渎祖先，你给我赶快走！"

"你们说关帝爷能治病，那病人怎么还不见好？你们这是迷信，是愚昧。我们的同胞就是被迷信蒙住了双眼，看不见先进的科学和医学，执迷不悟，最终害人害己。"

"我告诉你，什么先进的科学、先进的医学都比不上关帝爷灵。我和你大哥漂洋过海来檀香山这么多年，靠什么平平安安活下来？就是靠关帝爷。你说的那些，靠不住！"

孙文被老杨头的保守落后、固执偏见的言行深深刺痛。他望着躺在地上痛苦煎熬的病人和那些跪在地上、一脸茫然的同胞，心情极其沉重。突然，他转过身，义无反顾地向关帝画像走去，然后伸手将画像扯了下来，握在手里转过身说："你们看，这就是你们迷信的关帝爷，我现在就把它撕烂，你们看看他会不会降罪与我！看看他会不会显灵！"说着，他抬起手，一下把关帝画像撕成两半。

刹那间，佛堂内的空气似乎凝滞了，大家都呆呆地望着孙文，不知该如何反应。孙文没有停，三两下就把画像撕成碎片，狠狠地扔在地上，说道："大伙儿都看见了吧，我把关帝像撕成碎片，不照样好好地站在这里？我们已经迷信了几千年，该醒醒了！这些东西是救不了我们的，但科学可以救我们。"

众人似乎都被他的话震慑了，佛堂好像一下子亮堂起来。老杨头已经吓呆了，他看着地上关帝爷画像的碎片，不知道该如何收拾这个场面。趁着他没有反应过来，孙文赶紧招呼几个人抬着病人，急匆匆地往医院去了。由于没有耽误太多时间，病人获得了及时的医治，身体很快好了起来。

这件事情震动了茂宜岛，也彻底震怒了孙眉。他万万没有想到，弟弟竟然撕烂了关帝画像，这是何等的离经叛道，胡作非为！

第八章

止学业被迫回乡

孙文反抗封建迷信的行为无法得到大哥孙眉的理解，他结束了在美国的学习，乘坐邮轮返回了家乡。

孙文迫切想改变家乡贫苦落后的现状。他筹措资金在村里修路、铺设路灯，成立夜警团保护村民；他想办法开设学堂，给村里的孩子们讲授新的知识；他让村民认清供奉的神只不过是木雕……

船未靠岸遇贪官

孙文撕毁关帝画像，是为改变同胞思想所进行的一次积极的行动，是革命的萌芽。但他的行为触怒了顽固分子，也遭到大哥的坚决反对和压制。兄弟俩经过几次激烈的争论后，孙眉不再犹豫，买好船票，把弟弟送上了返乡的邮轮。

孙文并不认为自己的所作所为有什么不对，他不肯向大哥低头，拿着船票毅然踏上回国的旅途。就这样，1883年7月，十七岁的孙文结束了自己的第一次海外生活，也结束了在檀香山五年的求学生涯。

二十多天的旅程并不寂寞，孙文大部分时间在读书，有时在甲板上凭栏眺望，有时也和乘客交流沟通。他善于交流，博古通今，又精通中英双语，因此大家都喜欢和他聊天。每每遇到感兴趣的话题，他就滔滔不绝，吸引不少听众。

这趟轮船的目的地是香港，孙文然后改乘一艘中国沙船从香港回到香山县金星港。在小船上，都是国人，孙文一方面感受到同胞之情，另一方面又看到了国人所受的压迫。

当船快靠岸时，船主大声提醒乘客："大家注意啦，过一会儿盘查收税的官爷要来了，大家小心这点，好生说话，别惹麻烦啊。"

孙文大惑不解道："哪里的官爷来收税？"

"还有哪里的官爷？当然是官府的。"船主说道，"我看你年纪小，多提醒你几句，官爷们来收的税可是名目繁多，你可得做好准备。我知道你们从海外回来的人，有见不惯官爷的，还想寻出个道理来，可是，官爷们不吃这一套，他们盘查也好，收钱也好，自有上头罩着。你们只管顺着他们，可千万别惹恼他们，不然大家吃不了兜着走，谁都回不了家。记住喽！"

乘客们听了这话，不禁心里发毛。他们之中有人领教过那些官爷的"厉害"，不由心悸地说："等着吧，到时候谁也逃不过他们的魔爪！"

孙文又惊又气，暗自想道：不知道哪方官差，竟敢在光天化日之下横行霸道？！

船驶入金星港，没多久就停靠在港口岸边。船主又紧张地提醒乘客万万不要造次生事。说话间，就听到一批人吆五喝六地上了船，他们穿着清政府统一的官服，一个个横眉立目，气势汹汹，有人手里还拿着兵器。其中一人大嚷一声：

“盘查行李!”其他的纷纷上前命令乘客们打开包裹行李。看他们凶神恶煞的样子，可不像是盘查，倒更像是在搜捕什么犯人。船主恭敬地立在一旁候着，示意乘客拿出礼品，孝敬那些官差。几个乘客心领神会，赶紧拿出准备好的东西，交给他们。那些人接过来，放在手里掂了掂，看来比较满意，在船上来回走了几圈，就大模大样地下了船。

望着他们离去的身影，乘客们长舒了一口气，马上收拾行李，准备下船登岸。可是还没等大伙儿把包裹打好，就听又一阵骚乱，又有一批人上了船。他们穿着打扮得与上一批官差一般无二，骂骂咧咧地叫嚷着要收税金，还用手里的兵器挑开乘客的包裹。这下乘客算是明白船主的警告了，无可奈何地再次打开包裹，接受检查。

一通盘查下来，很多乘客值钱的物品被没收了，没有值钱东西的乘客被迫交了钱。孙文不想生出事端，强忍下心中怒火，也交了所谓的“税金”。那伙人觉得搜刮得差不多了，就像打家劫舍完的强盗一样离去。乘客们望着自己狼藉一地的行李，有苦无处诉，只能心痛流泪。

乘客们还没来得及回过神，就又听到一阵人声嘈杂。又是一批“强盗”上船，还打着“查鸦片”的名头！几十年来，海关担负着禁毒重任，哪个敢阻拦？果然名头大的更凶残、粗暴，他们将还没来得及收起来的行李踢开，一件都不放过。乘客们吓得不敢动弹。最终，他们抢到充足的物品和钱财，大摇大摆地下了船。

三次盘查，三次遭劫，乘客们怨恨、愤怒、心有不甘，却也只能默默忍受。他们木然地收拾行李，只想能安全回家。然而，事情不会那么简单，更大的风波还在后面。

孙文目睹了整个过程，自己带的财物也被搜刮走了不少。他心中的怒火越燃越旺，实在看不下去了。就在这时，船上竟然又出现了一批官差。乘客们不知是麻木，还是愤怒，都没有抬头去理睬那些又上船的人。

这伙人也了解现在的状况，态度比之前的那群温和一些。领头的那个漫不经心地踱了几步，语气平常地说："你们不要慌，先把行李包都打开，我们检查有没有火油，没有什么大不了的。来，打开行李包。"

他一声令下，只见后面跟着几个差吏像闻见血腥味的苍蝇一样，"嗡"的一声围了过来，准备搜刮一番。就在这时，忍无可忍的孙文挺身而出，一个箭步上前拦在他们，怒喝道："住手！你们还有完没完！"

那帮人没想到有人敢站出来阻拦，更没想到还是一个少年。他们一个个龇牙咧嘴地叫嚷着："嗬！还有吃了熊心豹子胆的，敢阻挠大爷我们执行公务！"

孙文指着已经遭受三次蹂躏的行李包说："你们这是执行公务吗？从船靠岸到现在，你们已经是第四批了。我想问问，你们到底还要搜刮几次才肯罢休?!"

官差们恼羞成怒，张牙舞爪地围住孙文，作势要打人。孙文毫不畏惧，紧盯着他们说："国家有收取税金的法律，你们是执行公务的官员，你们不按法律做事，却勒索敲诈，中饱私囊。乘客得不到分毫保护，无法上岸回家，我要去港口官府控诉你们！”

那个领头的见孙文人小胆大，措辞严厉，一脸正气，似乎并没有把他们放在眼里，不知是什么来头。他想了想，然后挥手招呼船主到眼前，阴阳怪气地问：“这人是谁呀？怎么搭乘你的船？说！他是不是洋人派来的奸细？”

船主吓得满头大汗，慌忙推开孙文，赔着笑说：“官爷，您可别误会。这位少爷是从香港来的，和洋人一点关系也没有。”他说着，回头示意孙文赶紧认错。

孙文岂肯向这些贪官污吏低头，他上前一步，继续说：“你不用管我是谁，我也不会为了洋人卖国。早听说你们为官不仁、贪赃枉法、欺压国人，见到洋人则卑躬屈膝，甘做奴隶。今日所见，果真如此。你们还来问我是不是洋人的奸细，可笑之至！”

那个领头的气得辫子一翘一翘的，呵斥道：“扣留船只！扣留船只！”然后带着人气呼呼地跳下船，扬长而去。

船只被扣，乘客们无法下船上岸，也不知何时才能放他们回家。他们有唉声叹气的，有抱怨发牢骚的。船主埋怨孙文：“我早提醒过你，不要鲁莽，不要和官爷们发生争执，现在好了，我们都被扣在这里了，怎么办？”

这一船的人竟没有一个站起来支持他的，孙文感到特别难过，他难过的是那些无辜之人遭此横祸，更难过的是他们都不能理解自己，不能和他一起奋起反抗不公平和压迫，只是一味逆来顺受着，甘愿受辱。想来想去，孙文一下子站起身来，愤慨疾言："同胞们，我们的祖国在腐败万恶的官差掌握中，你们还坐视不理吗？他们假借各种名目上船搜刮掠夺，这就是强盗的所作所为。他们非但不以为耻，反而觉得自己是官府中人而高人一等，认为欺压百姓是理所当然。你们说，这有天理吗?!"

事实上，乘客们对那些官差的所作所为深恶痛绝，只是不敢反抗。他们也并非颠倒是非之人，看到孙文年纪轻轻，却毅然挺身而出，仗义执言，也对他心生敬佩，现在，又听他这番肺腑之言，他们也激动起来，纷纷直言道："官府太黑暗了！""这些官吏太过贪心！""中国就是坏在这些贪官污吏身上。""这样下去，我们老百姓怎么活？"……

心中的怨言一旦说出，就止不住。孙文看着大家，心中各种情绪翻涌。而后，他提高声音，说："对！我们的国家深受摧残，政府黑暗无道，百姓备受蹂躏。这样的政府是好政府吗？这样的政府会维护我们老百姓的利益吗？一个好的政府就应该保护百姓……"

尽管大多数乘客在心里都认可孙文的观点，但他们对那些嚣张的官差还是心怀恐惧的，尤其是船主。第二天一大早，船主就悄悄寻到港口，找到高级官员，向他们行贿，船上的乘客们才被准许登岸。

修路设灯改乡俗

孙文终于回到阔别已久的家乡，回到了翠亨村。整整五年过去了，翠亨村依旧贫困落后，乡村的建筑一成不变，乡村的人们也一如从前。

在檀香山时，孙文多次写信给家乡的童年好友陆皓东，告诉他自己在海外的见闻和经历，向他描述西方先进的科技和文明，也向他表露过自己希望改变国人、改变国家的愿望。现在，见到孙文回家，陆皓东格外激动。

孙文将船在金星港的遭遇仔细说给陆皓东听。陆皓东听完，对孙文又生出一分敬佩："孙文，你真厉害！你竟敢骂官老爷。"

孙文深深地叹了一口气，说："皓东，如果你见过外面的世界，亲眼见过，就会知道天下之大，也会知道我们有多么愚昧和落后！”确实，像陆皓东这样没有机会出去的农村少年，一辈子都会在家乡劳作，接触不到什么新鲜事情，要不是能从孙文的来信中多少了解些外面的世界，恐怕他也不会比父辈、祖辈有更多见识。

陆皓东憨厚地笑笑，摸着脑袋说：“孙文，你说我们愚昧落后，可是我感觉不到，已经习惯了。我看你现在说话的样子，比当初冯阿公讲太平天国的故事还要激动，还要厉害。”

冯阿公已经在两年前过世了，他的太平天国故事也就此结束了。诚如陆皓东所说的，孙文此时的追求，已经不同于洪秀全等农民起义英雄们的理想；经历了五年资产阶级思想的教育，孙文产生了一种强烈的设想——效仿西方资产阶级政治思想提出推翻封建主义束缚的主张。但是，当时孙文提出的还只是一种资产阶级地方自治思想，这种思想在封建社会极具叛逆性，却没有鲜明的革命性。

初回到家乡的孙文极力宣传自己的主张和见闻，一方面劝说村民改变陋习，接受西方的科技文明，另一方面开始了改变家乡的初步行动。

孙文发现村里的道路年久失修，还没有路灯，一到天黑，走路就很不方便。他想起檀香山宽阔的马路和明亮的路灯，于是，召集陆皓东等好朋友，商量着修路装灯，开始改变乡村面貌的第一步。

修路设灯的计划得到村里很多人的支持，冯氏族长更是连声夸赞孙文出外几年读书，有出息了。孙达成见大家都信服小儿子，自己也觉得脸上有光彩，对他不愿安心学习之事也没有太挂心，甚至还掏出钱财，支持孙文的计划。

孙文利用在外学到的知识和技术组装路灯，架设线路，还将自己的所学传授给小伙伴们。他们在街道的转角处竖起木桩，在柱顶装上了风雨灯。这帮少年非常卖力，工作进展也很顺利。等到村里道路修缮完毕，几盏路灯也架起来了。到了晚上，灯光映照，成了翠亨村的一景，四里八乡不少人前来参观，纷纷赞叹说孙家两个儿子有本事，一个在海外挣大钱，一个回家为村民做好事。

因为有了街灯照明，原本喜欢漏夜趁黑潜入村里偷盗、抢掠的水盗少了不少，但依然不太平，仍有人家夜里遭贼，给本就不富裕的家庭雪上加霜。乡长陆星甫决定组建夜警队，晚上在村里巡逻值夜，保护大家的安全。他把这件大事交给了见多识广的孙文，让他去筹资买武器、招募人员。

孙文和陆皓东他们先说服村里的富商和豪绅，筹集资金置办武器，然后把村里的青壮年集中到祠堂里。大家兴奋地打量着这批新买来的大刀、棍棒和乌光铮亮的步枪。

孙文宣布壮丁夜警团正式成立，然后安排团员编班轮值，守夜打更，持枪巡哨。大家约定，如果发现盗贼，以鸣锣为信号，全村出动，协力缉拿。这时，陆皓东发现伙伴陆焕章在祠堂外面探头探脑往里瞧，他跑过去把陆焕章揪了过来：“你说话不算数！说好了一起来参加夜警团，到头来，临阵脱逃，当缩头乌龟。”

陆焕章畏畏缩缩地分辩道："不是我临阵脱逃，是我阿爸阿妈不准我来。他们说，好铁不打钉，好汉不当兵。他们怕我遇到危险。"

孙文拉住陆皓东，对陆焕章说："重文轻武的陈腐之见真害人不浅，如果大家都这么想，我们被别人欺侮的时候该怎么办？"

夜警团成立大会结束后，孙文和陆皓东陪陆焕章回家。陆焕章鼓起勇气对母亲说："我想参加夜警团。"

"说了不准去！"陆妈妈很生气。

孙文上前对她说："村里的年轻人都参加了，都想着为保护大家的安全尽一份力。你们家孩子金贵，别人的家的孩子就不金贵了？你不参加夜警团他不参加夜警团，那么最后谁来保护大家？"

"难道就差我家焕章一人？非得他参加夜警团不可？"

"那倒也不是，只是人不能太自私，只想着自己。"孙文冷静地说，"维护村里的治安，他一个人看上去好像也起不到什么作用，但是，如果他加入夜警团，那么夜警团的力量就多了一分，就更能发挥保护大家的作用了。"

陆皓东也在一旁插嘴："如果大家都不参加，下次水盗来了，谁也逃不掉，就看谁家倒霉。"

经过两人的劝说，陆妈妈犹豫再三，突然她用力跺了一下脚，好像下定了决心，站起来拉着孙文的手说："帝象，焕章这孩子就交给你了，你可要好好照顾他呀。"

就这样，队伍拉起来了，每天都要操练，很快，翠亨村就拥有自己的一支壮丁夜警团。成员们每夜执勤巡逻，赶跑了好几拨妄图偷偷溜进村作恶的水盗和小偷，村里的治安有了明显改善。大家都夸赞孙文领导得好。

看到孙文得到乡亲们极大认可，成为大伙儿心目中见识广博的青年才俊，有着不小的威望，已经七十岁的孙达成感到非常自豪。他觉得这都是因为自己多年供养风水先生积的福，是祖先在天之灵保佑全家。他又哪里想得到，孙文所做的这一切和这所谓的“风水”毫无关系，和老父亲的想法也是截然相反的——孙文想尽自己最大的努力将封建迷信中的人们唤醒，引导他们走向新生活。

孙文满腔热情，把自己在檀香山学到的先进思想、制度、科技向身边的人传播，希望通过这种方式改变乡亲们的思想，改造他们落后的生活习俗，期盼大家能过上平等、安稳的好日子。村里人见这个昔日顽皮聪明的石头仔，如此热心改造乡村，无不对他报以信任和好感。

孙文修路设灯、保卫全村之举，也得到村里德高望重的冯氏族长的肯定。于是，族长邀请孙文出席长老会议，成为村中最年轻的“长老”。孙达成夫妇见儿子如此受重视，非常高兴，便叮嘱道：“你小小年纪，参与村里的大事，一定要多听听老人家的建议，不要乱说话。”

孙文不解：“出席会议就是去发表意见，各抒己见的，不是吗？不说话去参加会议干吗？”

孙达成耐心地解释："你年纪小，又在外面读了这些年书，不懂什么人情世故，乡情世俗，怎么能和老人家平起平坐？你去就是听他们讲话，去了多听少说，知道吗？"他很了解小儿子，生怕他讲出一些违背习俗的"反动"话来，触怒其他长老。

此时的孙文年少气盛，一颗救国救民的心正蓬勃燃烧，怎会顺从世俗？怎能不趁此机会积极发表个人的主张？他反驳父亲说："长老们虽然有经验，可他们久居于此，信息闭塞，思想僵化。您也知道，这里有很多问题已非常严重，实在需要去解决、去改变。如果只是一味顺从他们，只会导致问题恶化，家乡怎么才会变得更好？"

孙达成气得提高了嗓门喊道："你大哥多次说你行为不端，大逆不道，我原来还不信，现在看来你是真的很离谱，竟敢对长老们说三道四！你说说，你有什么本事，有多大能耐？还要改造这改造那?!"

听到他父子争吵，杨氏忙出来劝架。她对丈夫说："帝象才刚刚回来，你急什么，慢慢劝他就好，干吗非要跟他生气？慢慢教啦。"然后，她回头看着孙文说："帝象，你也改改你那倔脾气，你阿爸年纪大了，你别老惹他生气。他说什么，你就好好听着，知道吗？"

孙文默默地看了一眼父亲：他已满头的白发，满脸布满皱纹，每每咳嗽的时候，脊背都越加佝偻。孙文于心不忍，悄悄退出去，回到自己的屋里看书。

孙文没有继续和父亲争吵，但这不表示他在妥协，他内心依旧坚持自己的想法。过了几天，村里长老会议的日子到了。他第一个来到宗祠，精神抖擞地等待今天的会议。他早已想好，今天要在会议上讲哪些话。

前几天，村里来了几个官差，吵吵嚷嚷地向各家收取税金。孙文上前问他们："这收的是什么税？"领头的官差不屑地瞄了他一眼，没好气地说道："官府收税，与你何干？"孙文又去问村里的百姓，问他们知不知道收什么税？村民们告诉他："官府的事，我们老百姓怎么知道？只要当官的来了，我们就乖乖地交钱，保准没错。"听到这些，孙文感到十分悲哀。他决心一定要向大家讲一下税金的用处，向大伙儿讲讲西方国家如何利用税金造福百姓的事。

村里的长老们陆陆续续赶到宗祠开会。孙文耐心地听他们讲着村里的大小事情，什么张家的祖坟影响了李家的风水，王家的儿子不该出手打人……听来听去，他都没有听到有价值的事情。最后，他沉不住气了，腾地站起来说："我想说件事情。"长老们颇感意外，纷纷用充满好奇的眼光看着他。

孙文讲述了前几天官差来收税的事情，然后说道："当官的拿了大家的钱，大家却不知道这是什么钱，更不知道钱跑到哪里去了。那些官差说了，我们交的是税金，既然这些税金给了政府，政府就应该拿它做一些事情，比如，建学校、修桥铺路，为我们老百姓造福谋利。可现在，官府只管收税拿钱，却一件事情都不为我们做。那我们为什么要交钱呢？大家的钱到哪里去了，到皇帝哪里去了吗？官府这样做合理吗？不合理！”

孙文的这番话，震惊了在场的长老们。大家面面相觑，一时措手不及，不知道该如何应对这种场面。还是族长反应快，他从略显慌乱的神情中镇定下来，咳了几声后说：“帝象，啊，不！孙文，孙文啊，你说的事情我们知道了，你看，我们生活在闭塞的农村，很多事情都不是自己说了算。当官的来了，我们能不听他们的吗？我们祖宗几代不都是这样的吗，这就是规矩。你刚才说什么皇帝、官府，都是大逆不道的话，以后万不可再提了！”

孙文不想再听他们的陈词滥调，继续说道：“就是因为我们太胆小愚昧，不知道争取自己的权益，纵容官府为所欲为，横行霸道。如果我们能勇于争取、勇于反抗，官府就不敢随意欺负我们，我们也能争取到自己的权益。”

长老们都不敢接这样离经叛道的言论。一阵短暂的沉默后，冯氏族长站起身来，神情严峻，严厉地说：“孙文，你不要再说了。今天我们不讨论这个话题，以后也不要再说了。”宗祠内鸦雀无声。

时近中午，长老会议在奇特的氛围中结束了。孙文步出宗祠，抬头看到阳光炫目，碧空万里，不禁脱口而出：“青天白日，何时才能光耀世间。”他感慨世人的愚昧、无知，期盼国人尽早觉醒。

自从孙文在长老会议上谈论税金一事后，冯氏族长再也不在人前夸赞他了。他警告孙达成，说孙文受洋人影响甚重，言行不慎，要孙达成严加管教。得知儿子惹了麻烦，孙达成十分恼火，不得不几次三番斥责孙文。看到那么多人都无法理解、支持自己，孙文心中百感交集，他觉得自己空有一番理想和抱负，完全派不上用场。

转眼间，孙文回乡已有二三个月了。他没有因为族长的反对而消沉下去，相反，生性坚强、能言善辩的他更加热心地宣传西学，积极带动乡亲改变各种陋习。

一天，他和村里人在大榕树底下乘凉、闲谈。几个成年人走过来，站在他面前说："帝象，你总是说西方多么好，多么文明，这是真的吗？你说我们人穷志短，有办法跟人家比吗？"

孙文毫不犹豫地回答："当然能，只要我们有信心、有勇气，愿意去学习、去改变，就能进步，就能赶上他们。"

几个人没作声，其中一人说："帝象，你口才好，有本事，还有一个有钱的大哥，将来肯定过得很好。不像我们，没有读过书，也没有什么本事，什么时候也过不好。"

一直以来，让孙文最困惑不解的是乡亲们对生活的态度，他们逆来顺受，不愿意去争取、去反抗、去变化，反而觉得这一切是天经地义的，按老规矩做事是理所当然的，任何时候都不能违抗老祖宗的规矩，不能违背皇帝、官府的旨意。而皇帝是什么人，为什么可以统治国家，他们却从来没有去思考过。在西方，资产阶级的思想已经萌芽，他开始反思中国落后的根源，认识到反抗封建思想的必要性，而“反清”就是反封建统治的具体目标。

孙文心里感到一阵悲哀，他知道，百姓不接受教育，只能愚昧地为了生存而活着。要是能够大力创办学校，改变这种局面该多好。在他年少的情怀里，一颗救国救民的心竟如此强烈；可现实生活却依旧如故，不见丝毫的改变和进步，还狠狠打击了他这些“格格不入”的言行。

榕树底下办西学

孙文一心希望村民们能奋起反抗压迫，争取自由和权益，但大家并不领情，对他表现出排斥和抵制的姿态，这让孙文非常苦恼。

一天，陆皓东来到孙文家借书。孙文从檀香山回来的时候，带回不少内容新颖有趣的中文书，这让陆皓东大开眼界。两人在孙文的小屋里读书、聊天，畅谈理想。孙文说："要是能在村里办所学校，就用这些书来教他们，让他们接受先进文明的教育，那该多好啊！"

陆皓东笑了："是个好主意，但长老们怕是不会同意。"

孙文叹了口气，说："要想让他们这些老顽固同意，可不是一件容易的事情。"突然，他似乎想到了什么，拉着陆皓东的手，说："不如这样，我们把村里的孩子们聚到榕树下，我给他们上课，让他们接受西式教育，你说如何?”

陆皓东连声称好，站起身兴奋地说：“我负责去召集孩子们！他们平时最爱听你讲故事了，肯定愿意到我们这儿来。”

说做就做，两人立刻行动起来。他们钉了几条长板凳，孙文找来一块木板，在磨光的一面刷上黑漆，这样就是黑板了。到了中午，趁孩子从私塾放学时，陆皓东就去召集他们，让他们到榕树下去听孙文上课。孩子们本就很喜欢见多识广的孙文，特别喜欢听他讲西方的文明和科技，比如巨大的轮船啦，高耸入云的教堂啦等等，现在听说他要在榕树下讲课，呼啦啦全部跟着陆皓东跑过去，生怕没有跟上。

此时，孙文已经架起了黑板，在上面画了一艘轮船，船上有高大的机器和冒着浓烟的烟囱。孩子们围拢过来后，看着黑板上的轮船，叽叽喳喳地议论不休。孙文挥手示意大家安静下来，然后问大家：“你们知道这是什么吗?”

“轮船。”孩子们异口同声地回答。

“对，你们说得对。可是你们知道它是用什么做的吗?”

孩子们的回答五花八门，有说用木头的，有说用竹子的。有个孩子大声说道：“你们说的都不对，我阿爸告诉过我，大轮船是用钢铁做的!”

“钢铁那么重，放到水里不就沉下去了吗? 怎么可能在海上航行呢? 我见过的船都是木头做的。”

“海上的大轮船全是用钢铁做的，那样才坚固，才能漂洋过海！木头船一个浪打过来早就翻了。”

听了到孩子们的争论，孙文微笑着说：“没错，大轮船就是用钢铁做的。”

“那为什么钢铁轮船这么重也不会沉呢？”孩子们问。

看着孩子们眼睛里闪烁着求知若渴的光芒，孙文仿佛看到了当初第一次远航的自己。他把当时船长告诉他的轮船的原理仔细地告诉给他们，让他们感受到科技的先进之处。孩子们聚精会神地听着，思绪飘荡在一个无限美妙和先进的世界里，感觉非常奇妙。

第一堂课结束了，孩子们意犹未尽，竟然都不肯离去。不少家长出来找孩子回家吃饭，发现他们都在听孙文讲课，吓了一跳，慌忙领着孩子走了。

下午，不少孩子没有去私塾，而是直接跑到榕树下，希望继续听孙文给他们上课。孙文和陆皓东很高兴，搬出自己带回国的书，分发给孩子们。孩子们兴高采烈地边翻书边听课。这时，冯氏族长和私塾的先生怒气冲冲地赶过来。

经过上次一事，族长取消了孙文长老的资格，也不再允许他参与村里的事。他没想到，孙文不但不知悔改，反而利用各种场合和机会宣扬“反动言论”，如今竟然还组织孩子们学习西学，这还了得！

私塾的王先生上前大声质问道：“孙文，你好大的胆子！光天化日之下，竟然在这里煽风点火，妖言惑众，宣扬西洋的鬼话。你说，你眼里还有祖宗王法吗？你还是中国人吗?!”

被劈头盖脸地骂了一顿，孙文很是气恼，反驳道：“我改良陋习，教化百姓，有什么不对？我怎么不是中国人，中国人就不能学习别人先进的文化，一定要自甘堕落吗？”

王先生气得脸色发紫，一下扬起巴掌：“一日为师，终身为父，我今天就要替你父亲教训教训你。”

冯氏族长拉住了王先生，转过身对孙文说：“帝象啊，你想教学这可以商量，但你私自办学，宣传洋人的事情，这可是大忌。一旦惊动官府，事情就闹大了，到时候你怎么收场？你最好想想清楚，到底还要不要继续办这个学！”

不一会儿，孩子们的家长陆续赶来，连拖带拽地把各自的孩子领走了。

人群渐渐散去，族长和王先生也摇摇头走了。榕树下，只剩孙文和陆皓东。他们看着散落在地的书、横七竖八的板凳和倒地的黑板，心里有种说不出的哀伤。陆皓东一屁股坐在地上，唉声叹气：“完了，我们的计划失败了。”

孙文的脸上并没有流露出太多情绪。他慢慢蹲下身来，拾起地上的书，然后拍拍陆皓东的肩膀，语气坚定地说：“失败算什么，我们还是要鼓起勇气，继续和旧势力作斗争。”在他身上，一直有一种坚强不屈、百折不挠的精神。在他以后的革命生涯里，这种精神自始至终支撑着他，成为他与敌人斗争的有力武器。

失败和打击并没有让孙文退缩，相反，更激起了他斗争的勇气和力量。

大闹神殿遭驱逐

翠亨村的北帝庙供奉着北帝君和金花娘娘的神像，常年香火不断。附近乡村的村民遇到什么大小事情都来这里磕头烧香，祈求神灵保佑。地主乡绅们抓住村民的心理，经常大办各种名目的“庙会”，搜刮钱财，坑害穷苦百姓。孙文小时候常常和小伙伴们在北帝庙的北极殿前玩耍，对这里的情况了如指掌。回国后，他看到大伙儿依旧迷信神灵，地主乡绅们依旧借此骗人，大搞迷信活动，感到非常气愤！有好几次，他站在殿前向跪拜的村民宣传“木偶无知，信奉无益”的道理，但村民都不肯相信他。后来，这话传到父亲孙达成耳朵里，孙达成狠狠地将孙文训斥了一番。

孙文的父亲和祖父都很迷信风水之说，但他自始至终对此持有强烈的反对态度。他多么希望，大家能破除这些封建迷信思想。这一天，孙文听说北极殿又在准备一场“庙会”，便喊了陆皓东他们一起过去看看。

几个人很快来到北极殿，但见大殿里里外外都粉刷一新，殿内的北帝君和金花娘娘神像闪着釉彩，特别引人注目。杨帝贺说：“听阿妈说这次的庙会可隆重了，还请了县里的戏班来唱戏。”陆皓东撇撇嘴：“这还不都是骗人钱的把戏，为了办庙会，每家缴了不少钱，可这些钱，大部分都被主事的乡绅私吞进腰包了。”

孙文一直没有说话，他在殿前的柱子下站定，目光里充满着忧愤的神情。不多时，北极殿前陆陆续续来了不少村民，大家手捧香烛，虔诚地走进殿内，纷纷跪在新粉刷的神像前，一个个默默祈祷着。在他们眼里，似乎新刷过的神像会更加灵验，能为他们带来更多福气和运气。这时，两个负责维修翻新的老乡绅也来到殿前，他们趾高气扬，态度傲慢，一副为老百姓做了好事而居功自傲的样子。

一个孩子稚气的声音响起：“听爷爷说，刚刚刷新过的神像最灵验了，谁先进去磕头谁的运气就更好。”其他孩子听了，纷纷往前，都要进殿去磕头。

孙文上前一步，拦住他们说：“神像是木头雕刻的，泥巴塑的，哪里会灵验？你们磕头它们也不知道，它们不过是用来骗大家钱的！”

孩子们从未听过这种话，一个个目瞪口呆，站在殿门口，既不敢进去又不敢出来。乡绅听到了孙文的话，不由勃然大怒，瞪着眼睛低声吼道："不许胡说！谁敢亵渎神灵，神灵就会降祸于他！"

孙文眼睛盯住乡绅，一字一句地说："你说这神像会降祸给我？好，我们来看看他们是什么东西做的，有没有这个本事！"说着，他三步并作两步走到神台前，毫不犹豫跳上台，用力掰断北帝君的一根手指，拿在手里，向在场的众人说："看见了吧，这是木头做的，这座神像是木头雕刻的，它不是活的，没有灵性，它听不懂大家的祈祷。你们看，它连自己都保护不了，它怎么可能保佑大家？"

香客和乡绅们都吓呆了，都不敢相信自己的眼睛和耳朵。那些小孩子却很兴奋，叫起来："原来神仙是木头做的。"孙文拍打着北帝君的手臂继续说："这不过是块木头，经过雕刻成现在的模样，它不是神仙，不是神灵，不会保佑我们，我们根本没有必要信奉它！现在，更有人要靠这些神像来骗取大家辛苦挣来的钱财，实在太可恶。"

乡绅这才回过神来，怒不可遏地打断孙文的话，挥手驱赶孩童，嘴里嚷道："反了，反了，看我怎么收拾你们！"

香客见殿里乱成一团，怕惹事端，带着孩子赶紧离开。粉刷一新的大殿顿时空荡荡。乡绅们见状，也气急败坏地赶往族长家告状去了。

不难想象，孙文大闹北极庙会有什么样的后果。村里简直炸了锅，特别是那些乡绅地主，他们无不指责孙文亵渎神灵、大逆不道，纷纷寻上孙家，向孙达成兴师问罪。

孙达成得知小儿子的所作所为后，也是十分恼怒。他不得不连声向大家赔罪，还拿出十两银子，承诺修复神像。可事情还没有结束，冯氏族长放出话来：孙文年轻气盛，回乡这几个月惹出不少事，这些事如果上报官府，哪一样他都受不起，希望孙达成好好管教儿子，为他寻一个出路。

孙达成经此打击，一气之下，病倒在床。母亲杨氏既心疼儿子，又怨恨他惹事，现在连丈夫都一病不起，更是日忧夜愁，终日流泪。

孙文知道，翠亨村已容不下自己。这天夜里，他悄悄地找到陆皓东，说："我们无法在村里继续待下去，不如外出求学吧。"陆皓东也正因为跟着孙文行事而被家人教训。他听了孙文的话，马上说："我早就不想在村里待下去了，要是能外出求学，那真是太好了。"

孙文决定去香港求学，陆皓东早就有了去上海的打算，他们都决定先去征求父母的意见。当孙文把这个决定告诉父母时，孙达成夫妇无奈地叹着气答应他，他们也知道儿子在村里再也待不下去了。

几天后，孙文告别父母，独自一人再次踏上求学之旅。这次离乡不同往日，既有驱逐之辱，又有新生之念，孙文心情十分复杂，前途也不甚明了，但他满怀信念，热忱不减，像一只展翅的雄鹰，将要翱翔在蓝天白云之上。

不久，陆皓东也去了上海，终于实现自己多年的求学之梦。从此，他们各在一方，为自己心中的梦想而奋斗。

第九章 继续求学赴香江

孙文再次离乡，恢复了求学之路。他在香港研读英文，补习国语，以博学多才被同学们冠以“通天晓”的绰号。时值中法战争爆发，孙文关注战争，打算举行演说激发国人们的斗志。这时，他意外地收到大哥孙眉的来信，催他赶紧去檀香山。这是为什么呢？发生什么大事？

孙文又号“孙逸仙”

1883年11月，刚满17岁的孙文被迫离开家乡翠亨村，进入香港基督教圣公会的拔萃书院读书，继续研读英文。从1841年起，清政府将香港割让给了英国，几十年来，英国派遣港督管理香港。那个时期，香港中西兼并，政治、经济、文化等具有资产阶级特色，发展很快。香港开办西式学校，创办报纸，形成独特的文化氛围，与中国内地截然不同。

在香港的拔萃学院，孙文不仅学习英文，还广泛接触华人同学和学者，他深深地感受到学习好中国文化的重要。于是，他大量学习、阅读，努力提高自己的中文水平。他的努力引起了中文教师区凤墀的注意。区先生对中国典籍深有研究，曾经在德国柏林大学教过中文，他认为孙文才学出众，聪明好学，富有理想，是难得的优秀学生，主动提出为孙文补习中文。孙文非常高兴，每每课余，风雨无阻地坚持到区先生那里补习中文。

在区先生指导下，孙文的中文水平提升很快。他13岁起到檀香山接受西式教育，脱离中文学习环境已多年，如今再重新学习，显得有些费力，但这难不倒勤奋好学的孙文，他制订了一个学习计划，要求自己每天阅读大量的中文书籍，并坚持写作。写文章时，每每写到精彩之处，他都会大声朗读出来，希望老师和同学们提出指导和批评。

有一次，他写了一篇关于破除封建迷信的文章，在同学们中引起很大的反响，同学们认为这篇文章文笔犀利、思想深刻，可以试着投稿到报刊上发表。当时的香港就已经是一个言论自由之地，拔萃书院的学生受西方文化影响较大，敢于说话，勇于发表自己的个人观点。孙文一心渴望唤醒他的同胞，希望他们能够早日摆脱愚昧和落后，想到文章在报刊上发表会引起更多人的注意，便试着将文章投稿到香港的一家报社，没想到很快就被采用并刊登出来了。孙文受到很大的鼓舞，决定继续写下去，作为表达自己的观点和想法、向封建迷信挑战的一种方式。也就是从那时起，孙文认识到手中之笔的力量：这就是可以用来战斗的武器！

文章发表后，区先生对孙文大加赞赏，认为他的写作水平已突飞猛进，他勇于向旧传统、旧势力挑战的勇气也非比常人。此后，区先生对孙文的指导程度也进一步加深，经常与他展开中文辩论，探讨儒学经典，提高他各方面能力。在学习中，孙文逐渐领悟中国传统文化的精髓，并对儒学进行深刻的思考；他尤其喜欢历史，中华民族上下五千年的历史成为他思索过去、探索未来的重要依据。区先生的办公室里摆放着许多历史书籍，孙文时常去翻阅，其中《史记》《资治通鉴》等是孙文的最爱。

有一次，区先生要外出旅游，孙文听说后立即跑去求区先生："先生，您这次外出要一两周时间，能不能把办公室钥匙留下，我可以继续来读《史记》？"

区先生看着他恳求的眼神，笑着把钥匙交给他："好吧，我外出时间，这里你说了算。哈哈。"

孙文接过钥匙，拱手向区先生再三致谢，就高兴地去上课了。

十几天后，区先生回到办公室，发现室内书籍整整齐齐，似乎无人动过，不由一愣：难道孙文没有来读书过？

正当他疑惑时，孙文兴冲冲地走进来，高兴地对区凤墀说："先生，您回来了。我已经读完《史记》，可以把钥匙还给您了。"说完，举起钥匙要交给区先生。

区先生没有伸手接过钥匙，而是满脸愠色地问："孙文，你说大话了，你是不是没来读书？"

"我确实已经读完了，先生何出此言？"孙文很是吃惊。

区先生指着摆放整齐的书说："我走的时候，这些书是这个样子，显然没有动过。再者，十几天时间，你也不可能读完这几本《史记》。"

孙文恍然大悟，笑着对区先生说：“先生不信我读完了《史记》，要么您考考我，看看我有没有读完。”说完，他小心翼翼地拿起其中一本，交给区先生。

区先生看他爱护书籍的样子，心里已经有了数，怒气先消了三分。然后他接过书本翻了翻，随意提出几个问题，结果孙文都对答如流，丝毫不错。区先生又惊又喜，满意地说：“好！很好！真是过目不忘啊。”

这段时间的学习，为孙文打下扎实的中文基础，也让他深切认识到中国博大精深的文化，是他日后进行革命，创建民国，创立“三民主义”必不可少的宝贵财富。

孙文在努力补习中文的同时，英文和其他科目也取得了优异的成绩。由于他勤学好问，涉猎群书，还非常关心时政，天文地理无所不通，于是，同学们就给他取了一个绰号，叫“通天晓”。

当时，孙文对西方科学、社会以及政治制度都很感兴趣，尤其对英国国会的发展、王权与人民斗争的经过、西方共和国的组织、法国大革命、19世纪欧洲革命等都抱有极大的热情。他不断地学习、了解这些知识，等把这些新鲜的知识和内容掌握理解后，就试着讲给身边的人听。有一天，他和同学谈起西方资产阶级革命的情况，一口气讲了四五个小时，同学们对他的激情和口才深感佩服。一个同学忍不住问：“孙文，我们一起上课，一起吃住，你从哪里知道了解这么多的知识？”

孙文略想了想，然后认真地指着床上的几摞厚厚的书说：“应该是从这里面获得的。”在他的床铺上，除了能躺下他的身体的一块地方外，四周全部是各式书籍。

同学们依旧不解，随手拿起一本书问：“尽管你的床上都是书，可是我们也没见你怎么读啊。”

孙文笑了：“你们课余时间，喜欢外出逛街，或是出去找朋友聊天娱乐，哪有时间看我读书呀。”

同学们听了，不好意思地低下头，若有所思，心里对孙文更加敬佩了。

除了古今中外历史外，孙文最感兴趣的还是时政，最渴望的依旧是如何改变中国，让同胞们过上安稳富裕的生活。

不多久，陆皓东来香港看望孙文，感觉孙文浑身上下又散发出新的气息。一天，孙文同陆皓东说：“我的乳名叫帝象，上私塾后先生给我取名叫孙文。如今，我来到这里，我感觉进入了一个崭新的思想境界。我们应该从思想到形式上去追求改变，这样才能革新自我，进而改良周围的人，乃至整个民族。”

“你说得很有道理，你打算改个什么名字？”陆皓东问道。

孙文拿起笔，郑重地写下三个字：孙日新。

“孙日新，这是你的新名字吗？”

“对，日新。《大学》里有一句话：苟日新、日日新、又日新。如果每天都能除旧更新，就要天天除旧更新，不间断地更新再更新。当年，商朝的开国君主商汤王以此激励自己要不断努力进取，探索进步的勇气和力量。我们在努力除旧更新的同时，还要保持求新的志向，日日求新、求变、求发展，不断取得更新的进步。”

听完孙文这番话，陆皓东大受鼓舞：“日新，这个名字很好。孙文，没想到你进步这么快。”

就在这时，区凤墀先生走过来，看见了孙文写在纸上的“孙日新”，说道：“日新，不错，有新意。”

“区先生，这是我的新名字。”

“孙日新，追求新生，追求天天有变化，不拘泥于陈旧老套，看来孙文真的想成为一只涅槃的凤凰啊。”

孙文摇了摇头，说：“我不想成为什么人中龙凤，我只是想能够天天都有新进展，不要沉溺于几千年的旧习俗、旧传统中，能够有所突破，通过自我改变、影响周围的人，希望他们也接受新知识，摆脱陈旧的观念和生活习惯。”

区先生了解孙文，他拍拍孙文的肩膀说：“孙文时刻不忘国人之忧，令人感佩。”

陆皓东说：“岂止不忘，他时刻在努力呢。”

区先生此时思索了片刻，反复念着“日新”两字，突然有了新的想法，他说：“‘日新’两字的粤语读音像‘逸仙’，依我看，你干脆取号‘逸仙’，寓意‘自由神’，怎么样？”说完，他拿起笔，在纸上写下“逸仙”两字。

孙文和陆皓东一听，齐声说好。当时谁能想到，十几年后的1896年，孙文在伦敦蒙难，孙逸仙这个名字响遍了全世界。

孙文更加坚定了革命的决心，他和陆皓东这个儿时的伙伴成了志同道合的朋友，关系更加紧密。后来，他们虽身处异地，但奋斗之心等同。陆皓东一直追随孙文从事革命活动，1895年组织香港兴中会，同年10月，筹划在广州发动武装起义，建立革命根据地，他亲手绘制了“青天白日旗”作为活动的旗帜，这面旗帜也成为中国国民党的党旗雏形。因消息泄露，起义失败，陆皓东在逃脱后发现会员名册遗落下了，便奋不顾身回去寻找名单，等他烧毁名册，清兵已赶到将其抓获。他在狱中备受折磨，但是坚贞不屈，不久被害，年仅29岁。后来的孙中山曾高度评价陆皓东是“中国几千年来为共和革命牺牲的第一人”。

区凤墀后来也一直关注和支持孙文的革命事业，在1895年协助他们成立“兴中会”总部，让女婿尹文楷接管孙文的中西药局工作，为孙文提供策划广州起义的活动地点。

关注时政论战事

在孙文初到香港不久，1883年12月，中法战争爆发。这场战争由法国侵略越南开始，逐渐波及中国南部，长达两年之久，双方互有胜负，但由于清朝统治者腐朽昏庸，最后法国强迫清政府签订了丧权辱国的不平等条约。

孙文一直关心时事政治，从战争一开始就十分关注，通过各种渠道打听战争的进展。他急切地盼望中国能够抵挡住法军入侵，取得胜利。一开始，战争在越南北部展开，关于战争情况众说纷纭，香港的各大报纸也不停报道有关消息，孙文一方面从报纸上了解有关情况，另一方面从回香港的游客和士兵口里打听。他积极分析和推测，还和老师、同学探讨战况，鼓舞大家抗争的热忱。

起初，他在一家茶米店里听到中国军队大胜、法国大败的新闻。当时，普通的中国老百姓都很相信“天下是中国人的天下”这个说法。茶米店里的一个乡民说：“中国当然得胜啰，以后这帮洋人要尊重我们中国人了。”孙文理智地告诉大家：“法国人有铁甲舰，而我们只有木制的沙船；法国人有新式的炮和训练有素的炮手，而我们的枪都很难放响一枪。你们怎么敢说我们一定会胜利？你们连法国在哪里都不知道，你们能打法国人吗？我们人口是多，但并不是人人都能上战场打仗的。即使我们驱尽了法国兵舰，那也不是什么胜利。假如我们是真的胜利者，我们就要跑到法国去打他们，把他们欺负中国人的一切都还给他们……愚昧的人民，凭什么来自称强大？你们甚至不知道地球是圆的，在你们自以为胜利以前，还是先睁开眼了解这个世界吧！”

这段时间，陆皓东也在香港，中法战争成为他们最关心和讨论最多的话题。每天一大早，他们必定早早出门购买当天的报纸，关注上面关于战事的报道。这天，陆皓东还没起床，就见孙文冲进屋子，怒气冲冲地说：“真是可气！堂堂四十营驻军，竟然抵挡不住法军的进攻。”陆皓东忙问：“怎么，北宁失手了？”

孙文义愤填膺地说：“将帅们昏庸怯懦，互不协调，士兵们没有斗志，北宁不失守才怪呢。”说完，他递给陆皓东一份早报，上面介绍的正是法军在北宁一带的作战情况。从报道上看，法军装备精良，武器先进，清军大有不战而败的势头。

陆皓东拿过报纸仔细阅读，也是满腔怒火："越南与我国接壤，双方关系密切，这是不争的事实，法国凭借武力争夺越南作为殖民地，还要威胁我国边境，看来用心歹毒。"

孙文早就了解这次战争的起因，如今战争爆发，清政府怯懦惧外，军事装备落后，不肯积极抗战，情况极为不妙。要是法军攻下越南南部，长驱直入中国南部边境，沿海地区又要遭受新一轮涂炭之苦。想到这里，他不禁用拳头捶打了一记桌面，急切地说："中国太落后了，何日才能强盛，何时才能摆脱列强的侵略。"

不久，春节到了，孙文与陆皓东结伴回乡。路上，他们在码头茶肆听人议论战争情况，不少人摇着头说："唉，法军洋枪洋炮，厉害得很，我们那点土兵器，怎么对付得了！"多年来，国人已经习惯被洋人侵略，对战败赔款的消息也习惯了，他们麻木地接受这一切，觉得战败是理所当然的事。陆皓东愤然而起，指责道："国难当头，匹夫有责，你们即便不能上阵杀敌，也不该就这样自甘失败，自己认输！"

那些人打量着孙文和陆皓东，看他们只是年少的学生，不屑地说："那又怎么样？不认输就能赢啊？瞧你们年纪轻轻的，懂什么？有本事上前线去真刀实枪练一练，恐怕不到战场就要吓得尿裤子了。"一席话逗得周围的人哄堂大笑。

陆皓东涨红着脸说："你们愚昧无知，麻木不仁，中国有你们这样的人，永远也强盛不起来。"

那些人恼了，抡胳膊挥拳头靠近陆皓东，眼看就要打起来了。孙文站出身来，挡在陆皓东前面，大声说道：“大家听我说，我想大家都希望我军能打败法军，击退他们的侵略，这是我们每个有良知、有自尊的中国人的心愿。可是，现在国家落后，民族不昌，统治者腐朽无能，欺内媚外，屡屡被洋人打败，这是我们国家的耻辱，更是我们民族的耻辱。耻辱面前，我们不该互相埋怨、打击，应该团结起来，一致对外，这样才能击退敌人。”

众人听了孙文的话，不再剑拔弩张地针对陆皓东，而是纷纷退到一边，三五成群，有的低声抱怨政府无能，有的愤然诉说清廷的暴虐统治，还有的认真探讨法军的武器装备情况。看着这样的场面，陆皓东佩服地说：“孙文，你总有办法说服别人，你的演讲辩论能力着实厉害。”

孙文说：“这哪是我厉害，我不过是说明实际情况，大家认同而已。你看大部分人还是有所觉悟的，关键在于我们如何去做，如何唤醒他们。我想只要国家强盛，外敌就不会轻易入侵，那么现在这样的战争就不会发生。”

回到家乡翠亨村后，他们两人依旧时刻关注着战事发展。春节期间，他们多次去金星港，希望从上、下轮船的乘客口中了解战争的情况。有一次，孙文看到有位旅客手拿报纸，毫不迟疑地用仅带的一元钱买下，带回去与陆皓东仔细翻阅了好几遍。两人从报纸上的字里行间寻找着，希望发现战事的真实情况和进展。

春节过后不久，他们早早踏上了归程，回到香港。孙文又恢复年前日日早起买报纸的习惯，还经常去街头巷尾，与各路人士谈论战争的最新消息。

3月12日，传来北宁失守的消息，19日太原失陷；4月12日，法军进驻兴化，法国利用军事胜利的形势，对越南和中国都展开了进一步的政治胁迫。清政府得悉前线军事挫败的消息后，撤换大批封疆大吏，全面改组军机处，派遣李鸿章与法国代表举行和谈。5月11日，李鸿章与法国代表福禄诺在天津谈判，签订《中法会议简明条约》（又称《李福协定》），内容对中方极其不利。李鸿章在国家权益面前，采取模棱两可的态度，使得法军单方面向越南北部派军，接管原中国军队驻军防务。但是，在接防过程中，双方军队再次燃起战火，促使战争升级。

国难当前，孙文积极关注时局，还时常在老师和同学前演讲，他的言行引起校方注意，被多次劝阻和制止，孙文不肯放弃个人主张，决定离开拔萃书院，到更为广阔、自由的天地去翱翔。

1884年4月，孙文经历了一次大变动，他由拔萃书院转学到香港中央书院。中央书院建于1862年，是香港第一所由英国当局所办的中学，也是一所新式英语学校，校长、教师均来自英国著名的大学，思想开放，以沟通中西文化为宗旨，设备完善，教学严格。这正是孙文转学到此书院的重要原因，他希望能够在这里宣扬反抗清朝封建统治的思想。

在中央书院，他可以更密切地关注战争，与许多老师、同学谈论战争和时局，无人来限制、阻止。他在学校里很快结识许多新同学，他们时常聚在一起，探讨战事发展趋势。

1884年6月23日，法军将领杜森尼率领一支部队北上，突然到谅山附近的北黎（中国当时称为观音桥），企图接管谅山，强令清军立刻退回中国境内。清军称没有接到撤退命令，要求法军稍作等待，等他们请示后决定，法军恃强前进，开枪打死清军代表，炮击清军阵地。清军被迫还击，经过两日交锋，法军死伤近百人，清军伤亡惨重，法国称这次事件为“北黎事件”（中国称“观音桥事件”）。

法国以此次事件作为扩大战争的借口，要求清军撤回北圻驻军，并赔偿损失。“北黎事件”导致中法两国重开战端，战争迅速升级，战火从越南北部扩展到中国东南沿海。

孙文关注着这一切，他看到清政府的软弱，也认识到列强侵略的无休无止，内心充满着愤慨。孙文虽然身在学校读书，心却在前线，恨不能插上翅膀飞过去，实地参战杀敌，保国卫民。

一天，孙文准备到校外买一份当天的报纸，路过校门口时，听见有人叫自己的名字，他站定细看，校门口站着一名十六七岁的少年，身材修长，容貌俊朗。他喜出望外地迎上前，高声叫道：“鹤龄，你怎么会在这里？”那少年笑着说：“你都能在这里，我怎么就不能在这里？我父亲的店铺就在不远处。”

原来这名少年叫杨鹤龄，也是翠亨村人。当时的翠亨村，有杨、陆、冯、麦、孙、苏、陈、钱八大姓氏，其中杨姓家族较大，人口也多，他们族人之中不少外出经商，发财有了家业。

杨鹤龄的父亲在香港和澳门经商，家庭条件比较优渥。在香港中环歌赋街24号的“杨耀记”就是他家的一个店铺。杨鹤龄比孙文小两岁，两人小时候经常在一起玩耍，后来两人因求学分隔两地，好长时间没有见面了，如今两人在香港重逢，自然格外欢喜。孙文热情地拉着杨鹤龄的手说：“哎呀，我们好几年都没有见面了，你都在干什么呀?”

杨鹤龄说：“我先前在香港读书，去年考入广州算书书院，听说你也来香港了，特意来看你。”

两人一边走，一边叙旧聊天。杨鹤龄说：“帝象，我都听说了，你胆子可真大，竟敢掰断北帝君的手指。”

孙文认真问道：“鹤龄，你觉得我做错了吗？难道你也认为那木头神像可以保佑大家？我转学到中央书院，读了不少关于科学的书，更加坚信当时我没有做错。总要有人站出来说，否则大家就会继续愚昧下去。”

杨鹤龄笑着说：“我当然不迷信。我特别佩服你的勇气，要知道，北极殿可是我们村里的权威。”

接着，他们谈到了眼下的战争。杨鹤龄也是一个热血少年，聊到战争，他激动地说：“政府无能，将帅昏庸，怎能不败呢?”

这句话说到孙文心里，他说："我天天关注战争，看到很多中国人麻木不觉，总想呼吁他们站出来，共同关心国事，促使政府改变策略，积极对抗法军入侵。"

杨鹤龄生性活跃，从小跟着孙文听太平天国的故事，玩"天兵捉清妖"的游戏，内心早就抵触清政府的统治，加上他很早就离开家乡，在香港、广州等地求学，思想开放，容易接受新观念和新事物。他听了孙文的话，当即呼应道："我听说洋人就有组织民众向政府呼吁请愿的事，我们也效法此举，怎样?"

孙文高兴地说："好啊！我这就去发动同学，将他们组织起来，我们一起走上街头去宣传抗战，支持中国的军队。"

两人一拍即合，杨鹤龄回到"杨耀记"店铺，制作标语，准备各种用具。孙文则回校连夜撰写讲稿，发动周围同学，准备第二天在校园外面的小广场举行一场演讲，号召大家关注战事，支持中国军队。

第二天，孙文等人在广场张贴标语，布置场地，联络同学。正当他们忙得火热，所有事项准备就绪之时，却见从中央书院里走出一个中年人。这个中年人看到孙文等人的举动，大吃一惊，疾步走了过来。

这个中年人不是别人，正是杨鹤龄的父亲。他注意到儿子昨日异常的举动，担心他做出什么不当之事，今天一早就跟随他来到中央书院，结果看到儿子和孙文积极策划演讲，还要张贴标语，心里害怕，连忙上前制止他们。

杨鹤龄向父亲解释演讲的目的，意在发动大家抵抗法军，支持中国军队。杨父不愿多听解释，只气愤地说："你们是学生，任务是读书，国家大事什么时候轮得到你们操心！"

杨鹤龄反驳道："莘莘学子，赤子之心，谁说学生不能关心国事？如果只为读书而读书，那读书有什么意义？"

杨父更加生气，打断他的话说："难道你要做'孙文第二'吗？也成为翠亨村的叛逆之子吗？"

孙文听到这话，走过来说："杨伯，我和鹤龄只是想为战事尽点绵薄之力，并没有其他企图。现在国家遭受侵略，战事于我方不利。我们不能上阵杀敌，做点鼓动工作也不至于犯错吧？试想一下，如果全体国人对战事无动于衷，不去关注，不去支持，那么一旦兵败，国家又是割地赔偿，损失巨大，这些损失来自哪里？还不是老百姓身上？不管您经商还是务农，谁也逃脱不了缴纳重税的厄运。弄不好，许多店铺还要关闭，许多农民走上绝路，您有想过没有？"

杨父听到这里，明白自己的生意可能也会受到战事的牵连，叹了口气，说："我知道你们是一片好心，可是你们年纪轻轻，又是学生，除了读书还能做什么？又有谁会理睬你们这些学生所说的话？现在局势不明，你们这样闹哄哄的，要是被人告到英国人那里，可是不得了的。这样吧，既然你们喜欢谈论这些事，依我看就不要站在大街上，太危险了。你们还是到'杨耀记'后面的阁楼里，在那里你们想说什么就说什么，没有人打扰。"

杨鹤龄看着孙文，希望孙文来决定该怎么办。孙文想了想，最后说："这样也好，免得伯父担心。"

这次的演讲计划被迫中止，但从此以后，"杨耀记"成了孙文等人经常聚会的地点。这群年轻人，在这里畅谈理想，发表对朝廷和时局的各种见解，也在这里完成革命志向形成、发展到壮大的过程。

8月，前方战事传来不幸的消息，法国舰队突然袭击福建马尾军港，大败中国福建海军，震惊朝野。一时间，整个香港气氛紧张，人人都在担心战事的发展。杨鹤龄父亲想起孙文那天讲的话，担心地说："战事一再失败，这样下去，祸及生意可怎么办？"他安排儿子回乡，打理福建的部分生意。杨鹤龄邀请孙文同往，两人打算从香港到澳门，再返回翠亨村。

孙文还未动身，突然接到大哥孙眉的来信，信中说，他在檀香山的生意出现了危机，让他火速赶去帮忙。不明具体原因的孙文即刻与杨鹤龄一起回到翠亨村，向父母言明此事。孙达成夫妇当即表示，要孙文赶紧乘船去檀香山。其实，他们清楚孙眉的真实意图，原来是他们夫妇托人写信给孙眉，告诉他，孙文回乡后大闹北极殿，亵渎神灵，得罪乡里的事。孙眉知道后勃然大怒，为了教育弟弟，这才假称生意亏损，骗孙文回到檀香山。

面对国事和家事，孙文左右为难，他有心留下来继续关注战事，可是父母一再催促："国家打仗，跟你有什么关系？你大哥生意亏损，你不赶紧去帮忙，还有谁能去帮他？你阿爸年纪大了，这个家只有你能帮衬你大哥一下。这个家这些年如果没有你大哥的支撑，说不定我们早就饿死了……”

孙文对做生意丝毫不感兴趣，但想到大哥这些年冒着生命危险远渡重洋，苦苦经营，才有后来的家业。尤其是这些年家里的生活费，以及自己读书的费用，全靠大哥支持。想到大哥一个人支持全家这么多年，孙文也很心疼大哥现在的处境，也担心大哥心血一旦付诸东流，他能不能承受得了这样的打击？孙文左思右想，一时拿不定主意，只能闷闷不乐地先回到香港，准备在学校好好思考一下再做打算。

恰好，他回来不久，朋友杨襄甫就要去檀香山，临行前来找孙文一起去和区凤墀先生告别。区先生听了孙文的苦恼后，劝他：“虽然国难当头，但我们除了关注外，还能做些什么？依我看，你大哥那里事情紧急，你不如赶紧去看一看，看看能不能帮他做点什么。战事也可以通过报纸关注，恐怕檀香山的消息比香港还要及时还要准确。”

一语惊醒梦中人，这半年来，他屡屡听到国家战败的消息，看到政府懦弱腐败，主事者贪生怕死，更有不少国人为了个人利益，全然不顾国家利益。孙文有心报国，却无处发力，年少的他觉得非常茫然，也十分苦闷。听区先生这么一说，倒给了他一个新的希望，那就是去檀香山，在华侨里宣传抗争的思想，激发海外华侨们的爱国热忱。

孙文立刻回学校办理停学手续。不少同学听说他要去海外，羡慕地说：“听说檀香山遍地是黄金，特别富有，你去了还会回来吗?”

孙文认真地说：“檀香山并非传说中那么富有，但是那里社会井然有序，人们生活安乐。至于我，当然是要回来的，因为我要带回来西方的先进文明，让我们的国家也能改变，我们的国人也能过上那样的生活。”

说到这里，他又对自己的檀香山之旅充满了新的期待。

第十章

再赴异邦定志向

1884年，孙文再赴檀香山。他积极宣扬西学，激起工人的反帝反封建情绪，与大哥孙眉二度反目，愤然之下，他借钱回国。这一来一去间，中法战争已经结束，清政府签订卖国求荣的不平等条约，在香港码头，孙文眼见工人们拒为法国战舰工作的义举，“始觉倾覆清廷，创建民国之志”。

兄弟再见起冲突

孙文登上巨轮，从香港出发，开始了第二次远赴檀香山之旅。这次航程对他来说，已是轻车熟路。他站在甲板上，极目所至，浩瀚大海，水天一色，天地之间依然令他心情激动，思绪也随之翻滚。

又是20多天的旅程，1884年11月，巨轮停靠在檀香山港口。孙文走下轮船，踏上曾经生活过五年的檀香山土地。整齐的建筑，穿着鲜亮、神采飞扬的各国人流，整洁有序的道路，这一切依然与家乡破旧落后的景象有着天壤之别。离开了一年多，他越发感到自己祖国的落后，这种强烈的对比与落差，在他回到檀香山的刹那间变得那么明显、那么清晰，让他有种深切的悲哀之感。

孙文担心大哥的情况，因此不敢停留，从檀香山改乘小船，急匆匆赶往茂宜岛。等到达岛上大哥的牧场，他看到工人依旧如常劳作，没有任何反常的情况，不由心生猜疑。他在牧场停留片刻，就见大哥面色阴沉地走过来。孙文急忙上前问候大哥，试图问清楚具体情况。哪里想到孙眉并不理会他的问话，而是开门见山地责怪他："你大闹北极殿，亵渎神灵，惹怒乡亲，真是任性妄为，让家人跟着遭受羞辱！"

孙文明白是父亲写信告诉了大哥北极殿的那桩事。他说道："我破除迷信，有什么不对？我不明白，你们为什么崇拜那些木偶泥像？它们到底能保佑什么，会给你们带来什么好运气？"

孙眉见弟弟态度如此强硬，不知悔改，深感痛心。他向来疼爱弟弟，只不过对弟弟的行为深感"恨铁不成钢"，几次大发脾气，都是为了弟弟的前程担忧。他看着风尘仆仆、漂洋过海赶来帮助自己的弟弟，心一下软了下来，缓和语气地说："你先去休息，其他的事明天再说。"然后安排人带孙文去住处休息。

回到房间，孙文想起牧场佛堂一事，就问那人："现在大家还去佛堂烧香跪拜吗？"

"当然去啰。"

"愚昧！"

那人奇怪地看了孙文一眼，说："我们都信关帝爷，难道您不信？"原来他是新来茂宜岛的，还不知道去年孙文撕毁关帝像一事。

孙文心情再度变得沉重。他突然拍案而起，气愤地说：“看来我还要做更多努力，才能拯救麻木的国人。”

那人看孙文突然发火，赶快退出了房间。

孙文没有心情休息，坐到书桌前奋笔疾书，写下一篇宣扬破除封建迷信的文章，准备找机会再发表演说，鼓励大家与封建愚昧作斗争。

第二天，孙文早早起床，刚走出屋子，就被人叫住了。孙文打眼一看，此人正是昨天为自己带路的人，他上前给孙文施了一礼，说：“老爷请您到前厅一起用餐。”

“老爷？”孙文奇怪地问，“谁是老爷？”

“就是牧场的主人，您的大哥，孙眉先生。”

孙文笑了：“我们都是平等的，不存在高低贵贱之分，你以后不必称呼我大哥为‘老爷’，只管直呼我们的名字就行。”

“我是老爷派来照顾您的，可不能放肆，忘了自己的身份。”那人慌忙摇头。

孙文语重心长地对他说：“你记住了，我们都是平等的，不是什么主子与仆人的关系，你刚来不久，以后我带你多出去见识一下，看看洋人们都是怎么与人相处的。”

那人听了，慌张地说：“我听杨主管说了，不能与洋人接触，他们的理论，会害人。”

孙文眉头一皱，问道：“哪个杨主管？可是管理账务的老杨头？”

那人点头称是。

孙文知道这是老杨头管理牧场工人的手段，限制他们与外界交往，唯恐他们受到西化影响，于是说：“先进文明的科技不会害人，害人的是愚昧迷信的旧习俗。正是他们如此拒绝排斥先进，不肯接受文明，才不知进步，致使国家衰弱，民族不昌，人们受苦。”

那人自幼生活在僻静的乡下，初来檀香山，见孙文说得头头是道，如此有气势，惊得目瞪口呆，不知所措。孙文得知那人叫李清明，已十九岁，于是亲切地喊他‘李哥’。李清明受宠若惊，一时不知该说些什么。

孙文和李清明远远看见孙眉站在房门外，正着急地向这边张望。李清明刚要上前给孙眉施礼，被孙文一把拉住。他对李清明说：“你忘了我刚才说过的话了？我们都是平等的人，你不要卑躬屈膝。”

李清明战战兢兢地看着孙眉，不知道该如何是好。孙眉见状，心里的火腾地起来：“放肆！谁和谁平等？你不听我管教，还来蛊惑我的工人。你也太胆大妄为了！”

孙文料定大哥不会放过这件事，早就坚定了信念，不动声色地说：“我早就说过了，这是我的自由，什么人也管不着。如今，世界在变化、在进步，我们的国家也需要改变，也需要进步，我们身在海外，亲身体验到了先进文明的种种好处，就应该带头接受西方的长处，改造自我，再改造身边的人，进而慢慢改造所有国人，这样才能促使民族兴旺，国家强盛。我正是用实际行动学习他人之所长，这没有什么不对……”

“住口！”没等他说完，孙眉一声怒吼，咆哮道：“你目无尊长，狂言乱语，玷污我孙家名声，真是不知好歹！我告诉你，你再说出这些大逆不道的话，我就要收回我先前赠与你的财产，让你成为一个穷光蛋！”

哪想到孙文听了，不但不害怕，反倒坦然地说：“我不要财产，我不会放弃我的理想和追求，你尽管收回去吧。”

孙眉更加恼火，铁青着脸说：“好，你不要就退还给我。”说着，他从办公室里拿出一份财产赠与合同书，递到孙文面前：“走，跟我去办理退还手续。”

李清明见状赶紧劝孙文：“您赶快认个错吧，那么多财产，若是都收回了，可怎么办？”

孙文平静地说：“我不会因为财产放弃自己的理想和信念，改变自己的人生目标。我要的不是金钱，我要改变中国，做更有意义的事业。”

李清明看着这兄弟俩，好一阵唏嘘感慨：“不爱财产，那爱什么呀？还有什么更有意义的事业？这两兄弟真不像一个娘生的，真让人弄不明白。”

孙眉真的到律师事务所办理了退还财产手续，未给孙文留下半分。这件事很快传遍了茂宜岛，大家都对孙文的决定感到意外。老杨头更是好奇地问孙眉：“帝象到底想什么？你给他的财产他都不要？这世上还真有不爱钱财的人？”

孙眉无可奈何地说："唉，他太固执了，我真不知该拿他怎么办！"

老杨头眼珠转了转，有了个主意，他说："帝象还是不知生活的艰难。没有钱财，哪里来的吃喝，哪里来的书读，看他怎么办！要我说，你必须得狠下心来，让他来牧场劳动，出苦力、干重活。他哪里吃过这个苦，相信过不了多久他就老实了，没有那么嚣张了。"

孙眉考虑了一下，觉得这个办法可行，一来可以惩罚一下弟弟，另一方面断绝他与外界的联系。"好，就让他去锯木头。"

于是孙眉马上派人把孙文喊了过来，对他说："你不能走，就在这里锯木头，哪儿也不许去。以后你自己养活自己。我和你这么大的时候，已经要养一家人了。"

孙文知道大哥的目的，也没有反驳，只说："锯木头就锯木头，但你不能限制我的自由。"说完，掉头就要去伐木场。

李清明有些慌了，拉住孙文低声说："锯木头很辛苦，你一个读书人做不来的，不如向你大哥求情吧，求他给你重新安排一个工作。"

"没关系，再苦再累的工作也要有人做，别人能做，我为什么不能？我在这里锯木头也好过他跑去佛堂烧香磕头。"孙文说完，迈开脚步，径直走出房门，李清明赶紧跟了上去。

孙眉又气又恨，冲着弟弟的背影喊：“你给我听着，你就在这里锯一辈子木头吧。我是不会放你出去的，不会让你走自己的路！”

孙文很快来到伐木场，工人们看到他，都感到奇怪。孙文来到工头跟前，说道：“我以后在这里工作，请安排我的工作吧。”

工头手足无措地站起身来，看了看旁边的李清明，一脸疑惑。

“是孙眉老爷让过来干活的。”李清明无奈地说。

工头颇显为难地说：“这，您看着干吧。随便干，随便干什么。”

孙文知道他的顾忌，笑着说：“你不要怕，尽管给我安排工作，否则，孙眉先生更要生气了。”

工头勉强地笑笑，指着远处一堆刚刚砍伐的树木说：“这样吧，你就负责那一片。”说完，找出图纸，让孙文根据图纸上注明木料的大小、规格和尺寸来锯木头。

孙文拿着图纸，很快投入到工作当中。这几年来，他读书学习，很少参加体力劳动，他也不知道自己是否能接受这样的考验，他把这样的劳动当作对自己意志的磨炼。

再撕神像破迷信

就这样，孙文成为伐木场一名正式的锯木工人，与其他工人同吃、同住、同劳动，结下了深厚的友情。劳动之余，孙文就会跟工人们谈论政治，探讨国家的命运和前途。工人们喜欢听他聊新闻、谈历史，也喜欢听他讲解西方先进的科技文明。还在持续着的中法战争，也是大家最关注的话题。有一次，孙文讲到8月时福建海军大败，工人们无不流露出愤慨的神情，纷纷指责将帅无能。孙文说："何止是将帅无能，分明是整个政府都无能。你们来到檀香山，见到这里的社会环境，难道没有和我们的国家比较一下吗？你们说，如果我们的国家不改变，我们的同胞不改变，我们能比得上西方的国家吗？我们的武器、科技哪一点又能比得上人家？我们能不受列强的欺负吗？"

“说的没错！”工人们纷纷回应道。

孙文继续说：“所以我们要从自身做起，勇于认识到我们的落后和愚昧，要积极去改变，去接受和学习先进的文明，这样才能跟上时代的步伐，跟上西方国家。”

在孙文的影响下，工人们开始大胆地去接触西方先进的科技、思想以及文化。他们有的不再去佛堂烧香磕头了；也有的生病时会请孙文带他们去看西医。

这些事都让老杨头暗中观察，报告给孙眉听了。孙眉也是火冒三丈，老杨头说：“你不要着急，我派人暗中盯着呢，一旦抓住什么把柄，我们就马上行动。”

孙眉派弟弟去锯木头，就是希望他在苦力劳动中好好反思自己的行为。哪里知道，孙文竟然把伐木场当作革命实验基地，不断鼓舞工人们站起来反封建、反迷信。他听了老杨头的劝告，决定要和弟弟好好地“斗一斗”。

这天，李清明受孙文委托，刚准备去城里的西药铺买药给工友服用，还没走出牧场，就被老杨头抓住。老杨头把李清明带到孙眉处，孙眉严厉训斥了孙文的这个“帮凶”，并没收了他的买药钱，还把他安排去另一个牧场养鸡，不得与孙文继续来往。接着，孙眉又去了弟弟所在的牧场，扣留了所有工人的工钱，还威胁他们说如果继续支持孙文，听信他的主张，就把他们撵回国，以示惩戒。

工人们谁也不敢吭声了。一会儿，有人轻声抱怨道：“我就说，孙文小小年纪，懂什么？我们是中国人，从老祖宗起，国家就是皇帝的，哪里轮得到我们老百姓去议论朝廷？”有人跟着说：“对啊！我们从来都信关帝爷，可他却不让我们信，还说关帝爷根本不会保佑我们……”你一言我一语，孙文的努力眼看都要付诸东流了。

孙文得知事情的经过后，跑去与孙眉理论，指责大哥无故扣留工人的工钱。

“这都是你的错，不是我的错，也不是工人们的错。”孙眉不动声色地说，“你若是再不知悔改，我会惩罚得更重。”

孙文想和大哥好好地谈一谈，可两人争来吵去，始终谈不拢。孙眉不再理睬弟弟，转身进了办公室。他来到办公室墙上挂的关帝像前，虔诚地拜了拜，似乎在请求关帝爷原谅弟弟的大逆不道。孙文看到大哥的举动，再也忍不住了，跨步上前，一下扯下关帝像，三下两下就把它撕烂了。

孙眉彻底呆住，简直无法相信自己的眼睛。看到弟弟将撕碎的关帝像扔进废纸篓里，他才回过神来，一跃而起，跑过去拾起画像的碎片，嘴里不停地说道：“你到底想干什么？你想气死我吗？好，好……我供你吃穿，供你读书，就是让你来气我？我今天要替阿爸阿妈好好教训你！”就在这时，门外传来爽朗的说话声：“孙眉，你在哪里？老朋友来了，也不出来看看。”

听到声音，孙眉只得扔下弟弟，忙走出屋子迎接。原来是他的老朋友刘毓敏到访。刘毓敏来檀香山多年，一直经商，与孙眉关系密切。孙眉笑脸相迎，忙吩咐用人备茶。

这时，孙文也从里屋走出来，刘毓敏一见他，惊喜地说：“这不是帝象吗？长这么大了，听说你去香港读书了，怎么又回来了？”

不等孙文自己回答，孙眉就说：“我要他回来帮我做事，可他太幼稚了，尽给我惹麻烦。”

刘毓敏笑着说：“帝象聪明好学，读书勤奋刻苦，在檀香山是我们华人的骄傲，怎会给你惹麻烦呢？依我看，是你对他要求太高了吧？”

孙眉长叹了一口气：“今非昔比，如今他长大了，翅膀硬了，我也管不了啦。”然后就把孙文的所作所为一一说给刘毓敏听，“你说我该怎么办呢？好话歹话都说过了，他就是不听啊。”

孙文不愿再在这里听孙眉说教，找了个借口，转身走了。

刘毓敏看着孙文的背影，对孙眉说：“说起来，我们生意人是不该去关心政治，可如今我们的国家贫穷落后，政府腐朽无能，百姓的生活一日不如一日，长此下去，国将不国啊！帝象年少有为，素有大志向，才智超过你我，要真能担当救国救民之重任，也不是不可能的事。”他的一番言语，让孙眉心中有所触动。

刘毓敏没有看错，十年后，孙文回到檀香山组织“兴中会”，开始策划反抗清政府的具体行动。那时，刘毓敏给予了很大的支持，为兴中会提供资费，为革命事业贡献力量。

坚定改良中国志

在刘毓敏的建议下，孙眉把孙文派去了业务最繁忙的店铺打杂。孙文也没有反对，顺从地从牧场搬到了檀香山。

孙文终究是无心做生意的，他想起自己在香港没有完成的学业，渴望有朝一日能够回去继续读书。转眼到了春天，他正式向大哥提出请求，希望能够返回香港继续求学。

孙眉当然不同意弟弟的要求，担心他回去没有人监管，更加无法无天，因此拒绝给孙文回国的旅费。后来孙文又多次向大哥争取，都没有结果，苦闷之中，他找到昔日的老师和同学，和他们畅谈心曲。

一次，孙文约了仍在奥阿厚书院读书的李家良一道去看望芙兰·蒂文老师。一路上，李家良对孙文说：“你不喜欢做生意，还是回来书院读书吧，这样我们也有个伴。”

孙文说：“我要读书，就回到香港去读。香港文化氛围浓一些，课程更先进，我在那里认识不少优秀的老师，我希望在那里接受更好的教育。”

李家良不解地问：“难道香港比檀香山更先进？”

孙文说：“香港有中国深厚的传统文化根基，又受到世界先进国家的影响，发展相当迅速。而且我的理想是改变我的国家，祖国才是我的用武之地。”

李家良想了想，赞同地说：“对，香港是中国的一部分，只有回到中国才能改良它。”

两人边走边聊，很快来到芙兰·蒂文的办公室。芙兰·蒂文正在埋头读书，听到脚步声抬头看了看，随即喜悦地招呼：“孙文，李家良，你们好。”

孙文和李家良打着招呼走进去，问道：“蒂文老师，您又在看什么书？”

芙兰·蒂文笑着说：“你们看，就这几本书。”

孙文打眼一看，是《华盛顿传》和《林肯演说集》，这是他读书时最喜欢的两本书，脱口道：“哇，太好啦！蒂文老师，我回国后再也没有读过这两本书，今天能否借我看一下。”

芙兰·蒂文推了推眼镜，将书递给孙文，说：“你是我最得意的中国学生，这两本书送给你吧。”

孙文喜出望外，连忙伸手接过书并表示感谢。

芙兰·蒂文接着说：“孙文，我知道你喜欢政治，关心国家大事，与这两本书的主人公相似，所以才送给你，不要客气！”

原来，孙文每次和芙兰·蒂文老师交流时，总会讨论世界大事，表现出强烈的忧国忧民之心。他喜欢了解西方资产阶级革命的事，崇拜华盛顿和林肯这两位巨人，时常将他们的伟大业绩挂在嘴边，大有视他们为偶像之意。这次再回檀香山，孙文显得更加成熟，对于国家和民族的存亡兴衰更加关注，特别是每次谈到“中法战争”，他都流露出强烈的爱国情怀，积极发表自己的见解和主张，恨不得亲自参与到战争中去。芙兰·蒂文当了孙文三年的老师，深深了解自己的学生，知道他才智超人，志向远大，是个难得的有为少年，因此经常鼓励他，今天赠书也是如此。他也许没有想到，若干年后，这位倔强的学生在中国的历史上，真的成了和华盛顿、林肯一样伟大的政治人物。

获赠《华盛顿传》和《林肯演说集》，对于孙文来说，真是一种莫大的鼓舞，在他年少的情怀里，这两位巨人如灯塔一样，照亮他前行的道路。现在，他拥有的不只是两本书，而是两位巨人的感召力。可以说，在孙文的革命生涯中，正是以他们为榜样和动力，效仿他们开创了中国大地上第一个共和国家。

芙兰·蒂文问孙文是否想去美国深造。孙文坚定地说：“一年前，我渴望在美国深造，可这一年来，我看到了很多问题，也明白了自己的志向所在。所以，我要回香港。”

1885年4月，在他人的帮助下，孙文购买了去日本的船票，打算从日本转道香港。他带着简单的行李，踏上归国的航程。从上一年11月份到檀香山，到现在只不过五个月的时间，这短短的第二次海外生活，带给孙文巨大的影响，也成为他一生革命事业的开端，甚至在中国近代史上，具有里程碑式的意义。经历过这一系列曲折的经历，孙文终于清楚地看到，自己要实现改良国家和民族的愿望，最佳途径就是回到中国，改造中国，开始革命。

第十一章

获助回港谋救国

孙文毅然踏上归国的旅途，继续践行救国救民的决心。少年时期的学习和生活经历让他的目标变得更清晰，斗志变得更旺盛。他没有中止学习，并考入了南华医学堂，希望“救国”与“学医”并举……

救国救民立宏志

孙文义无反顾地踏上了归国的航程，轮船尚未起航，闻讯赶来的孙眉追到码头，他极力挽留弟弟。但孙文去意已决，哪里肯听大哥的劝说。孙眉无奈之下，深感后悔，觉得自己对弟弟太过苛责了，竟把他逼回国。孙文反倒劝慰大哥，说这是自己的决定，希望大哥不要放在心上，不要再为自己操心。听了他的这番话，孙眉更加难过了。孙眉给父亲寄了一笔巨款，用来资助弟弟继续读书。后来，孙文倡导革命大业，大哥孙眉给予他物质和精神上极大的支持和鼓励，对他的革命生涯起了极其重要的作用。1894年10月，孙文在檀香山准备创办兴中会，向孙眉说明创立意图，孙眉称赞他“志大言大”，并提供了赞助。当年11月份，“兴中会”成立，孙眉是最早的会员之一，他积极宣传革命，游说组织

兴中会

亲戚朋友二三十人加入“兴中会”，并捐资支持革命。1895年广州起义急需经费，孙眉则以平贱价钱出售牲畜，以捐充军饷。1904年孙文在檀香山发行债券，孙眉将千多头牲畜变卖认购债券。1895年秋，孙文领导的第一次广州起义失败，孙文亡命日本转往檀香山。孙眉鼓励：“这不算什么事，还应该干下去。”母亲杨氏劝孙文：“革命的目的在救人，行医目的也在救人，何必东奔西跑。”孙眉说：“行医只能救少数人，革命则能救多数人，吾弟奔走革命多年，因始终贯一，岂可轻易变更，前功尽弃！”1907年，孙眉因倾家支持革命，将在檀香山数十年经营的事业全部结束，与母亲杨氏等举家迁到香港九龙居住……当然，这些都是后话。当轮船徐徐起航的时候，孙眉知道他无法改变弟弟的志向，只有支持他。

孙文始终密切关注中法战争的情况。1885年2月，法军进攻谅山，广西巡抚潘鼎新不战而退。十天后，法军侵占镇南关，因兵力不足，补给困难，焚关而去，退至谅山，伺机再犯。当时，清廷七十岁的老将冯子材受命帮办广西关外军务，驰赴镇南关整顿部队，部署战守。他听说法军将侵犯镇南关，于是率军在隘口抢筑了一条横跨东西两岭的长墙，墙高七尺、长三里，底宽一丈，墙外深掘堑壕，构筑了一个比较完整的防御阵地。果然，3月23日，盘踞谅山的法军倾巢出动，扑向镇南关。第二日越墙进犯，冯子材身先士卒，率将士们冲出墙外，在阵前激励将士反击，最终将法军击退，阻止了法军对中国边境的窥伺。接着，清军乘胜追击，将法军逐至郎甲以南，给法军统帅以沉重打击。这就是著名的“镇南关大捷”。遭此一战之后，法军陷入困境，清军在中法战争中转败为胜，取得主动权。法军战败的消息传至法国巴黎后，导致茹费理内阁倒台。

孙文在太平洋上颠簸时，正是镇南关大捷之后，他心里始终思考着战事给中国带来的新转机。“镇南关大捷”使中国在军事上、外交上都处于有利的地位。那么，清廷会不会趁此机会一举击退法军，将其赶出国门，取回自己应有的权益呢？在他看来，胜利来之不易，这是良机，也是必须抓住的机会。

然而，出乎孙文的意料，经过二十多天的航程，他在日本下船登岸时，却听到令人震惊的消息：清政府面对法国武装侵略，不主张抗战到底，而是祈求议和。朝廷担心“兵连祸结”会激发民变，因此始终或明或暗、直接间接地向法国侵略者进行求和行动。李鸿章密令潘鼎新“战胜不追，战败则退”。他们主张“乘胜即收”，把“镇南关大捷”当作求和的极好机会，建议清政府立刻与法国缔结和约，这使清军坐失战机，处于防守挨打的被动地位。

1885年5月13日，清政府任命李鸿章为谈判代表，与法国政府代表、驻华公使巴特纳在天津开始谈判。6月9日，在天津签订了结束中法战争的不平等条约《中法会订越南条约十款》。

此消息一经传开，举国哗然，世界为之一震，各国报纸纷纷报道此事，以“法国不胜而胜，中国不败而败”来评论中法之战。一些评论认为中国军队在战场上取得重大胜利之后，却签订了一个地地道道的丧权辱国条约，是世界外交史上空前绝后的奇闻。

孙文在旅途中每每阅读西方的报道，心情都会非常沉重。等他抵达到香港时，清廷已与法国签订《天津条约》。孙文再次看到清朝封建政府的昏聩无能，感到万分愤慨。

中法战争期间，香港英国当局扬言英法缔结盟约，容许法国的舰队在香港做一切战时物质补给。在香港开设的英国洋行明目张胆地与法国舰队交易，补给煤炭，支援粮食。当时在香港从事煤炭运输的工人怒不可遏，一致认为英国商人以煤炭物资接济法军，扰乱清军作战计划。不能容忍！于是他们联合起来，到洋行酒楼闹事抗议。结果警署立即派出大批军警到码头镇压，警员挥动警棍，手持机枪，犹如凶神恶煞。工人们慷慨陈词：“我们是受雇洋行的煤炭工人，洋行现在生意兴隆，设庆功宴，我们自然应该参加，我们并未违反法律，你们凭什么对我们施加暴力?”

经过斗争，洋行大班也无计可施，工人们在酒楼的反抗之举取得成功。接着，工人们罢工，拒绝为法国战舰输送煤炭，英国被迫中止为法军运输煤炭的计划。

香港码头工人罢工的消息迅速传遍香港，很多人拥上码头，以示助威。顿时，香港码头成为新闻焦点，各国记者纷纷前来拍照、采访，关注中国工人的这一爱国义举。

孙文被工人的举动感染，深受启迪。他站在码头上，思潮汹涌：回到香港是正确的选择，清政府腐朽不堪，已经无可救药，现在正是联合大众，倾覆清廷，创建共和新国的时机。多年以后，孙文在谈到自己革命大志时，提及此事，说他从这次工人义举之中“始决倾覆清廷，创建民国之志”。

不难看出，如果说以前的孙文所具有的反清意识比较朦胧，缺乏革命性，但在目睹这断断续续持续两年的中法战争后，他的目标变得清晰起来，他的斗志更加旺盛，他确定了明确的奋斗方向。

此时正是学校放假期间。好友陆皓东、杨鹤龄等人都返回翠亨村，与孙文相聚叙旧。他们聚在一起，畅谈心志，后来，杨鹤龄又介绍堂弟杨心如加入他们。小小的翠亨村里孕育着中国的新希望，后人把孙文、陆皓东、杨鹤龄、杨心如称作“翠亨四杰”，他们都是日后革命的骨干力量，是未来推动中国前进的重要人物。

在翠亨村短暂的假期，孙文思考最多的就是未来职业选择的问题。他停学已经半年，下一步该何去何从呢？陆皓东在上海学习电报专业，他劝孙文回到中央书院，毕业后考取大学。杨鹤龄在广州学习数学，他认为孙文聪颖超人，可以直接上职业学校，学算术、英文等。

孙文有自己的想法，他的志向在于救国救民。他向伙伴讲述了香港码头工人罢工的情景，然后激情满怀地说：“国家腐朽，军队落后，我想学习军事，去海军学校深造，学习先进的军事理论和思想，毕业后就可以去部队，成为海军军官，亲临战场，救国于危难。”

陆皓东赞同地说：“这倒是符合你的志向。有了军事能力，才有可能领导军队，抗击清廷，建立新型的国家和政府。”

杨鹤龄则不赞同：“我觉得国家的问题不完全在军队方面。如今我们看起来是打了胜仗，但照样签订丧权辱国的条约。这又是什么问题造成的?”孙文和其他人都陷入沉默。

孙文的海军军官愿望最终没有实现，因为当时中国唯一的近代海军学校福建马尾船政学校遭法军炸毁而停办。后来，他又想学习法律或政治，将来可以做一名律师，主持正义，惩恶扬善。可是，当时中国并没有此类学校，他只得作罢。

此时，中央书院的老师和同学们听说孙文回到了香港，立即通过各种渠道联系他，希望他回校复学。原来，孙文在中央书院的时间虽然不长，但他“通天晓”的名声却非常响亮，大家对他渊博的知识和聪明才智都印象深刻。去年，他辍学去檀香山时，连校长都表示惋惜，对他说只要想复学，随时都可以回来。

面对热情的老师和同学们，想到前途未卜，孙文决定再回到中央书院。

借医术为媒入世

1885年8月，孙文正式复学，开始了在中央书院的第二次学习生活。这期间，他除了一如既往研读各门课程、关心时政外，脑子里始终没有停下对未来职业选择的思考。有一段时间，他总是想起在檀香山时，他的老师杜南山曾经以范仲淹“不为良相，当为良医”的话来鼓励自己，他也很关注西医发展的情况，所以最终决定学医。

在别人的推荐下，孙文报考了南华医学堂。南华医学堂是中国第一所西医学校，由广州博济医院创办。孙文凭借自己优异的成绩被录取，开始了学医之路。

同在广州读书的杨鹤龄有一次问孙文为何选择学医，孙文回答：“以学堂为鼓吹之地，借医术为入世之媒。”可见，他始终不忘救国救民之志，希望“救国”与“学医”并举。

在学校，孙文很快就崭露头角，威望越来越高，给同学们留下了深刻的印象。他成绩优异，交友甚广，有同学后来这样描述当时的孙文：“先生（孙文）年少聪明过人，记忆力极强，无事不言不笑，有事则议论滔滔。九教三流，皆可共语；竹床瓦枕，安然就寝；珍馐藜藿，甘之若饴。”

孙文在广州学医的一年间，结识了不少好友知己，这些人受他影响，逐渐成长为勇于反抗清廷、改造中国的革命人士。孙文在朋友和大众中一直进行着比较彻底的救国思想宣传工作。他始终心系天下，不忘苍生。后来，他转学到香港西医学院。

在学医期间，孙文还做了一件与学医毫无关系的事情，那就是积极宣导农村改革。

孙文出生在农村，了解农村，他知道中国是一个农业国家，农村人口占绝大的比例，农村愚昧落后的状况不改变，整个中国就谈不上进步。事实上，他在第一次从檀香山返乡的时候，带领着伙伴们修筑道路，架设路灯，就是他身体力行的改革行动之一，从中可以明显看出他积极改造农村的想法和决心。

现在，孙文在香港，离翠亨村比较近，每年都要往返几次。他看到相距不远的两地却差异甚大，不禁感慨：这是什么原因造成的呢?

孙文常常思考，并悄悄勾勒改造家乡的草案。1888年前后，孙达成病重，长子孙眉赶回家照料父亲，这期间，孙文也时常在村里。自1885年孙文借钱从檀香山回国，已有三年了。三年来，孙眉不断地寄回足够的钱资助弟弟读书、生活，孙文感激大哥多年来的养育恩情，也明白大哥管教自己的目的和心意，兄弟俩的矛盾早已化解。孙眉看到弟弟日渐成熟，由衷地开心。算起来，从孙文5岁起，孙眉就外出闯荡，养家糊口，为弟弟的成长倾注无数心血。孙文9岁进入村塾学习，直到1882年香港西医书院毕业，前后接受中西教育达十七年，尤其在檀香山和香港所受的西式教育，对他的一生事业产生极为深远的影响。孙文无论在檀香山、香港还是广州，求学所用资费全部是孙眉支付，后来，孙文从事革命活动，孙眉也是其最坚定的支持力量，但可惜的是，辛亥革命不到两年，他就去世了。孙眉一直站在弟弟身后，为其成长和成功付出巨大的努力和心血。

1888年3月24日，孙达成病逝，兄弟两人安葬完父亲后，孙眉远赴檀香山继续经营自己的生意，孙文则回到香港读书。这次回乡期间，孙文多次劝说村中长老，希望他们多多修桥、修路，多做一些改良乡村面貌的工作。村里长老看到孙文安心学医，有了出息，对他少年莽撞的行为都不再计较了，但听了他这些建议后，依然摇着头说："村里都是穷苦人家，上哪弄这么多钱做这些事。还是算了吧。"

孙文知道他们不肯出钱，只得说服大哥孙眉拿出部分资金，又找到在海外有资产的人家，筹集资金，准备为村里修筑道路。在孙文的主持下，翠亨村又开始了修筑道路的工作。可是进展并不顺利，当道路修到邻近村子时，两村之间因为地界分割起了纠纷，互不相让。孙文年轻，又常年不在家，缺乏声望和威信，邻村人并不把他放在眼里，而翠亨村的长老们又不肯出面调停。这样，修路计划被迫停止。

倔强的孙文并没有因此放弃改造家乡的想法，他立即起草文书，写下修筑道路遇到的问题，然后跑到香山县衙，将文书呈给县令，希望县令予以解决。香山县令一贯昏庸，很少关心乡民百姓的生活，但他看到孙文气度不凡，竟也仔细看了文书中所列问题，然后说道："香山县近些年人才辈出，要是他们都像你一样为家乡建设出力献策，本县一定会大为改观。"

孙文说："爱国爱乡是人之常情，只要政府多给予支持和帮助，相信大家都会尽心尽力，不负所望。"

香山县令答应了孙文的请求，说等到下个假期时，他会出面帮助孙文调停邻村的纠纷，以完成修路的计划。"

不久，孙文返回香港，并向杨鹤龄等人说起此事。杨鹤龄他们都说："官府不为百姓架桥修路，收取的税金都跑到哪里了？县令倒会做好人，答应帮助解决纠纷，他怎么不出钱呢？"

孙文一心等下个假期，希望能说服县令拨出些资金帮助修路。到了下个假期，孙文满怀希望地返回香山，又带着新的修路计划书急匆匆地赶往县衙，但却发现曾经答应帮助协调的县令已不在了，新上任的县官，对孙文不理不睬。孙文非常苦恼，闷闷不乐地退出县衙，思索着有没有新的办法。就在这时，有一人上前，拉住他悄悄说：“我老家离翠亨村很近，我听说你筹款修路的事，很受感动。我伺候过先前的那个县令，现在他调走了。如今新上任的这个县令，是花了五万元买的官职，正急着搜刮钱财补回那买官的钱呢，哪里会为百姓做事情？你就死了这条心，赶紧回去吧。不要再来了，说不定会惹上麻烦的。”

得此劝告，孙文方才明白自己的计划是没有希望了。他热心家乡的建设，并勾画以一乡之建设而逐步推广的计划，但在当时的社会环境下，他的努力只能处处碰壁。但这也不能阻止他改革乡村的想法，他在学习政治、军事、历史和物理的同时，还阅读农业书籍，撰写农学论文，探究地理与生产的关系。

有一年假期，陆皓东返回香港，看到孙文正在撰写农学论文，好奇地问：“你写这些东西，与革命有什么关系？”

孙文说：“当然有关系。我们所做的一切，不就是为了让百姓过上好日子。以中国农村生活极其贫穷落后的现状看，怎样才能让农村变得富裕起来，让农民生活安乐，可是大事情。如果农民生活不改变，推翻旧势力和建立新政就是一句空话。”

听了孙文的话，陆皓东深有感触，便也开始研究农学。

尽管孙文做了不少与医学无关的事，但他在香港西医书院的学习生活还是比较稳定的，而且成绩一直相当优异。

1892年7月23日，孙文从香港西医书院毕业。从西医书院成绩簿上可以看到，书院从创办到1913年并入香港大学停止招生为止，在统考的12门科目中，获得10门以上荣誉成绩的只有两位，孙文就是其中之一，而综合成绩优异的只有孙文一人。

孙文少年时期在夏威夷的学习和生活经历，让他萌生了一个最朴实、最单纯的想法，那就是让自己的同胞也能过上和平、安乐的生活。他在香港读书的岁月里，思想逐渐成熟，对改造国家的问题产生进一步的认识。他对中国的担忧在步步加深，对于中国的未来也逐渐有着自己的主张。后来，他这样说："我之革命思想，完全得之香港也。"可见，香港的读书生涯对孙文革命事业的影响尤其深远。从学校毕业后，孙文在广州、澳门等地行医，但最终他觉得，行医所救总是有限，最终决定弃医从政，从"医人"转入"医国"的事业。

后　记

2019年，我的儿子读高二。他是一名化学竞赛生，面对竞赛和高考的压力，当时他的状态很差。我平时在和学生家长沟通时，经常用一个比喻，孩子求学就像开车上坡：如果他不踩油门，光靠父母在后面推，不但很累，而且效果也不好，有时一不留心，还会溜坡；只有帮助孩子找到学习的源动力，他自己踩油门，成绩也会直线上升。我该如何帮助我的孩子找到他成长和学习的源动力呢？

英国有句谚语：榜样，是看得见的哲理。

于是，我下决心静下心来完成几本书，用自己的行为去影响、带动孩子。我列了一个计划：1.完成《新时代中国特色社会主义事业接班人》一书。2.整理完成《南怀瑾家风家教》一书。当时这两本书都接近尾声，但对接具体的出版事宜，还有大量工作。3.修订《少年南怀瑾》，出版《少年南怀瑾》珍藏版。4.完成《少年孙中山》的文稿。

我先把这个计划告诉儿子，也告诉了很多人，让自己没有了退路。我对儿子说："我要对自己吹过的牛负责。"

在修订《少年南怀瑾》时，我对儿子说："我知道要完成这些书，很难！但当我静下心来逼自己坐在电脑前，一天一天地积累，发现这不是不可能完成的任务。"儿子问我："妈妈，您写不下去的时候怎么办？"我告诉他："硬写呗，就像你读书，读不进去的时候，也不要放弃，硬读呗。我写不下去的时候，就硬着头皮写下去，等写顺了，回过头再来修改，说不定又有了新的思路和灵感。人啊，不逼自己一下，永远不知道自己多有才华。"说完，我们俩都哈哈大笑。

那段时间，儿子的心慢慢沉下来，心情也变得平和愉悦。每当他周末回家，我会和他交流我这几日的写作内容，请他给我提一些小建议。我们有种齐头并进的感觉，好像我是他的高考盟友。

《少年南怀瑾》修订完，我开始动笔写《少年孙中山》。南怀瑾和孙中山，一位国学大师、一位革命伟人，我想知道：在他们小的时候，他们的父母，尤其是母亲，是如何养育和教导他们的；他们十七八岁时的理想是什么，立下过怎样的志愿；他们读什么书，学习哪些技能；他们的品格是怎样塑造的；在他们人生的关键时刻，他们的父母又是如何引导的……

那段时间，我沉浸在少年孙中山的故事里。小时候的孙中山就表现出他的演讲辩论才华——我经常一个人在家中模拟故事的情景——儿子说我那段时间特别会辩论，争论问题就没有输过。只要他在家，就会时常和我探讨孙中山先生的一些事情。我发现，他的学习越来越有计划，目标也越来越明确。

2019年底，我完成了《少年孙中山》的初稿。我把稿子交给出版社，那一刻，于我而言就好像是一种神圣仪式——只有我自己明白，那一刻，我完成了作为一个母亲的蜕变。

我从孙中山先生的母亲和南怀瑾先生的母亲身上，看到一种力量。她们在孩子生命的早期，给予孩子足够的爱。孩子有了满溢的安全感，就会健康成长，这是孩子一生稳步前行的源动力。她们在孩子的成长过程中，教会孩子做人，培养孩子美好的品格，发展出适应环境的能力，使孩子无论未来身在何处，都能从美好的童年中获得力量。她们在无论什么时候，都对孩子充满信任，这种信任铸成了孩子一生的铠甲。可以说，正是这两位平凡而又伟大的女人，成就了后来我们所敬仰的孙中山先生和南怀瑾先生。

谁也没有想到，2020年这么不平凡。疫情下，孩子们在家上网课，各种压力导致很多家庭矛盾冲突激化、亲子关系恶劣，甚至很多青少年的情绪和心理出了问题。而我能够和儿子在如此环境友好相处，互相鼓励、互相支持地度过这段特别的时光，都源于这两位伟大的母亲给予我的智慧和力量。

儿子去参加高考，比参加其他任何一场考试都平和、淡定。那几天，他表现得胸有成竹，自信又稳定。果然，儿子的高考成绩非常令人满意。高考不只是拼分数，还要拼心理素质；高考也不只是拼孩子的成绩，还要拼家长的素养、格局、认知和远见。这一切都是这两位母亲带给我的影响。

陶行知先生说过："教育者不是造神，不是造石像，不是造爱人。他们所要造的是真善美的活人。"其实，想要得到一个真、善、美的孩子，只需要两个人就够了：一个有远见的父亲，为孩子指引未来的方向，成为一道光，照亮孩子的人生之路；一个温柔的母亲，为孩子的人生托底，让孩子的内心永远保留着一片爱的净土。一个眼里有光、心里有爱的孩子，自然是会是一个真善美之人。

孙中山先生一生以救国救民为己任，不计个人得失。他有这样的胸襟和卓越的个人品质，他的父亲孙达成和长兄孙眉对他的影响非常大。如果说孙中山先生改变了国家的命运，那孙眉先生就是改变了家族的命运。因为孙眉财富的支持和对弟弟关爱，孙中山才能一直读书，并接受当时最好的学校教育。良好的学习经历为孙中山一生的革命理想和政治事业打下了坚实的基础。后来，孙中山发出学医不能救中国的慷慨陈词后，他弃笔投戎，前往美国旧金山，在大哥孙眉的资助下创建了兴中会。孙眉将自己的家财尽数投入兴中会，从物质到精神，全力支持弟弟的革命事业，成为革命的忠实追随者，对孙中山的革命生涯起了极其重要的作用。这一切缘于他们的父亲孙达成教子有方。孙达成性情耿直，从不贪半点不义之财，勤劳善良，乐于助人，给孙家大家庭树立了良好的榜样。比起说教，父母的行为更能让孩子信服，也更能引领孩子。

“要立志做大事，不要做大官”，这既是孙中山先生对中国青年的期望，也是他自己的写照。他继承了父亲的吃苦耐劳、踏实肯干的精神，也继承了父亲不畏人言，清白做人、诚恳做事的态度。家风纯正，雨润万物。我从一位国学大师和一位伟人的少年故事中看到，好的家风不但影响一个家族，甚至影响一个国家。这两位从农村小家庭走出的大家，从小立志，一位为了中华文化的传承，一位为了中国的崛起，他们不辞劳倦、披荆斩棘，他们让中国人对自己的国家、自己的文化有了自信。他们都预见到中国文化和中国人对未来世界的非凡意义。

南怀瑾先生之子南一鹏曾经说过：所谓格局大就是能承担更多的责任，承担更多的压力，有更大的意愿去为大众服务。所谓格局小就是只看到自己，什么事情只看到自己的好，而没有看到为大家、社会、众人的好而出力。

孙中山的父亲孙达成和南怀瑾的父亲南仰周，他们都出身贫困，不屈于生活，不因贫困而折腰，他们清白的一生、坚韧的一生、拼搏的一生、奉献的一生都给孩子们树立了最好的榜样。人类社会中最宝贵的财富是文明和精神，也唯有精神是永远传承的。

梁启超先生谈到对孩子的教育时，经常说："读名人传记，最能激发人志气，且于应事接物之智慧增长不少，古人所以贵读史者以此。"所以说，名人的思想观念会对孩子产生深远影响，甚至会决定一个孩子未来的视野和格局。

孩子在七到十六岁这个阶段，阅读名人的少年传记，了解名人的成长故事和理想情操，不仅能够帮助他们树立远大的志向，还能培养他们勤奋求实、勇于探索的优秀品质。我能够在儿子青少年成长阶段撰写这两本名人少年传记，学习他们父母的言教身传，以及他们朴实的教育智慧，是我和孩子这一生最大的幸运。

图书在版编目（CIP）数据

少年孙中山 / 徐茹著. -- 杭州 : 浙江教育出版社,
2021.11
ISBN 978-7-5722-2559-8

Ⅰ. ①少… Ⅱ. ①徐… Ⅲ. ①孙中山（1866-1925）
—生平事迹—青少年读物 Ⅳ. ①K827=6

中国版本图书馆CIP数据核字(2021)第205372号

少年孙中山

SHAONIAN SUNZHONGSHAN

徐茹 著

出版发行 浙江教育出版社
（杭州市天目山路40号 电话:0571-85170300-80928）
责任编辑 童炜炜
美术编辑 曾国兴
装帧设计 阿优文化
责任校对 雷 坚
责任印务 刘 建
图文制作 杭州兴邦电子印务有限公司
印 刷 浙江新华印刷技术有限公司
开 本 710mm×1000mm 1/16
印 张 16.5
字 数 180 000
版 次 2021年11月第1版
印 次 2021年11月第1次印刷
标准书号 ISBN 978-7-5722-2559-8
定 价 68.00元